水利人事人才工作理论研究

（2023 年度）

中国水利学会人力资源和社会保障专业委员会　　编

中国水利水电出版社
www.waterpub.com.cn
·北京·

图书在版编目（CIP）数据

水利人事人才工作理论研究. 2023年度 / 中国水利
学会人力资源和社会保障专业委员会编. -- 北京 ：中国
水利水电出版社，2024. 10. -- ISBN 978-7-5226-2853
-0

Ⅰ. F426.9

中国国家版本馆CIP数据核字第2024LA2138号

书　　　名	**水利人事人才工作理论研究（2023年度）** SHUILI RENSHI RENCAI GONGZUO LILUN YANJIU （2023 NIANDU）
作　　　者	中国水利学会人力资源和社会保障专业委员会　编
出 版 发 行	中国水利水电出版社 （北京市海淀区玉渊潭南路 1 号 D 座　100038） 网址：www. waterpub. com. cn E - mail：sales@mwr. gov. cn 电话：（010）68545888（营销中心）
经　　　售	北京科水图书销售有限公司 电话：（010）68545874、63202643 全国各地新华书店和相关出版物销售网点
排　　　版	中国水利水电出版社微机排版中心
印　　　刷	天津嘉恒印务有限公司
规　　　格	170mm×240mm　16 开本　14.25 印张　212 千字
版　　　次	2024 年 10 月第 1 版　2024 年 10 月第 1 次印刷
印　　　数	001—700 册
定　　　价	**88.00 元**

编　委　会

前　言

　　党的十八大以来，习近平总书记多次就调查研究工作发表重要讲话，为全党大兴调查研究、做好各项工作提供了根本遵循。调查研究是获得真知灼见的源头活水，是成事之基、谋事之道。习近平总书记指出："党中央作出重大决策、制定重要文件，都深入调研，广泛听取各方面意见，这是我们党的一贯做法和优良传统。"人事人才和社会保障工作关系广大干部职工的切身利益，出台的每一项政策办法，都需要做大量的基础工作。为领导决策提供参谋必须做足功课，调查研究是人事干部做好工作的基本功。

　　当前，我们正处在以中国式现代化全面推进强国建设、民族复兴伟业的关键时期。党的二十届三中全会审议通过的《中共中央关于进一步全面深化改革推进中国式现代化的决定》紧紧围绕推进中国式现代化这个主题，对进一步全面深化改革作出了总体部署。站在新的历史起点上，水利行业人事人才和社会保障工作想要准确把握国情水情、社情民意，积极稳妥推进人事制度改革，必须用好调查研究这一党的"传家宝"，聚焦新阶段水利高质量发展和水利新质生产力，找准发力点和突破口，找出破解难题的好办法和新路径，全力推动改革不断向广度和深度进军。

　　为了更有效地推动党的二十大和二十届三中全会关于人事人才和社会保障工作部署要求的深入学习和具体落实，按照工作计划，中国水利学会人力资源和社会保障专业委员会立足职责使命，根据中共中央组织部、人力资源和社会保障部与水利部的年度工作重点，结合水利行业各单位的实际，有计划、有重点地确定课题，开展调查研究。在各会员单位和各位委员的大力支持与积极参与下，"2023 年度水利人事人才理论研究选题"征集工作顺利推进，经汇总初审、资格审查、专家评审、补充完善、专家复审等程序，遴选出"浅析新时代水利科研事业单位做好干部监督工作的问题与途径"等 24 篇成果。

本书紧紧围绕推动新阶段水利高质量发展目标路径中的人才培养、干部队伍建设、收入分配改革等内容，以深化调查研究推动解决发展难题，加强会员单位之间在水利人事人才和社会保障工作方面的研究交流，有力地促进了会员单位人事管理水平的提升。同时，这也是会员单位工作实践、理论水平、学术成果的集中展示。

在各位作者和审稿专家的关心帮助下，在中国水利水电出版社有限公司的大力支持下，本书得以顺利出版，我们相信，本书将为各单位研究人事工作、制定政策、作出决策提供有益借鉴和参考，也必将进一步提高会员单位开展调查研究、课题研究的积极性和质量水平，为加快推动水利人事人才和社会保障工作高质量发展提供支持和保证。在此，谨向为本书出版给予支持指导和帮助的单位、专家和作者们一并表示感谢！

中国水利学会人力资源
和社会保障专业委员会
2024 年 10 月

目 录

浅析新时代水利科研事业单位做好
干部监督工作的问题与途径

主要完成人：刘丹　陆瑾　韩婧怡　赵卓然　唐玄清
所在单位：中国水利水电科学研究院

党的二十大报告提出"以党内监督为主导，各类监督贯通协调""树立选人用人正确导向""坚持严管和厚爱相结合，加强对干部全方位管理和经常性监督""落实'三个区分开来'""健全党统一领导、全面覆盖、权威高效的监督体系"，对做好新时代干部监督工作提出了更高的要求。水利部坚持把干部监督放在从严治党的大格局中来谋划和推进，密集出台涉及因私出国（境）、领导干部兼职、举报受理查核、提醒函询诫勉、政治素质考察等多项干部监督制度，持续完善干部监督制度建设；相继开展因私出国（境）、领导干部兼职、近亲属部系统从业，以及配偶、子女及其配偶经商办企业查核等多个干部监督专项工作，深化突出问题的专项整治，推动干部监督工作不断做深、做细、做实。

这一背景为水利科研事业单位做好新时代干部监督工作提供了良好环境和巨大动力。水利科研事业单位是指国家为社会公益目的，由国家行政机关举办或其他组织利用国有资产举办，从事水利水电科学研究的社会服务组织，是聚焦提升水利科技创新能力、引领推动新阶段水利高质量发展、胜利推进强国建设的重要力量。本文主要围绕新时代水利科研事业单位干部监督工作三方面关键内容——作为重要抓手的个人有关事项报告工作、作为重点的选人用人监督以及作为创新点的干部担当作为情况监督进行思考，结合时代背景提出亟待解决的难点问题及原因，以中国水利水电科学研究院为例，总结实践成效，分析特色做法，以期为水利科研事业单位类似工作开展提供案例参考，同题共研以更好地为推动新阶段水利高质量发展提供坚强组织保证和干部支撑。

一、水利科研事业单位干部监督工作的时代背景

（一）个人有关事项报告工作

领导干部个人有关事项报告工作作为党的请示报告工作的重要组成部分，是从严管党治党的有力手段、准确识人用人的重要抓手、防范政治风险廉政风险的有效措施。这项工作一直坚持往深里走、往实里做，经历了从"只报不查"到"既报又查"，从仅随机抽查到增加"凡提必核"，进一步形成有效监管制度，成为"全面从严管党治吏的一把利器"。2023 年，中共中央办公厅、国务院办公厅修订相关制度规定，调整优化报告内容，并加大抽查查核力度，对于深入贯彻党的二十大精神，健全中国特色领导干部个人有关事项报告制度，做好干部监督管理工作具有重要意义。水利部一直高度重视该项工作，多措并举强化部署要求。水利科研事业单位深知责任重大，强化统筹推进，组织人事部门提出落实措施，抓好组织实施，切实维护报告制度的严肃性和权威性。

（二）选人用人监督

选人用人监督是选贤任能、纯洁用人风气的重要保障，是党内监督的重要组成部分。党的十八大以来，习近平总书记对加强选人用人监督作出一系列重要指示批示，为做好新时代选人用人监督工作提供了根本遵循。水利部近年来印发多项规章制度、工作办法，为持续强化细化选人用人工作监督提供制度保障。水利科研事业单位深知加强选人用人监督是落实新时期好干部标准、树立选人用人正确导向、匡正选人用人风气、促进形成风清气正选人用人生态的坚实保障，也是打造忠诚干净担当的高素质专业化水利干部队伍、推动新阶段水利高质量发展的必然要求，因此组织人事部门明晰加强选人用人监督的重要性，在干部选拔任用各个环节明确职责要求，以期以强有力的监督提高选人用人工作质量。

（三）干部担当作为情况监督

党的十八大以来，习近平总书记在不同场合反复强调党员领导干部

要敢于担当，同时也提出要积极营造有利于干事创业的良好环境，敢于为担当者担当、为负责者负责、为干事者撑腰等重要论述，赋予担当精神以丰富的时代内涵，对当前领导干部应该有什么样的担当作为提出要求、发出号召、指明方向。2023年，全国水利工作会议提出"坚持激励和约束并重，推动干部能上能下、能进能出，让愿担当、敢担当、善担当蔚然成风"。在此背景下，水利科研事业单位已充分认识到干部担当作为情况监督的重要作用，这不仅是新形势对干部监督工作的新要求，而且是组织人事部门围绕单位中心工作、服务大局，以促进水利科技创新、服务国家重大战略、推动经济社会发展的有力抓手。

二、水利科研事业单位干部监督工作难点问题及原因分析

（一）个人有关事项报告工作难点问题及原因分析

水利科研事业单位以从事探索性、创造性和创新性水利科研活动的科研人员居多，在科研人员走向领导岗位后，尤其是较早进入领导岗位、多年没有交流任职的，可能存在一定程度上重科研轻管理的思维模式，工作重点更偏重于带领团队完成重要科研任务，主动接受监督的意识还有待加强，这就决定了在当前背景下，水利科研事业单位在个人有关事项报告工作方面需重点考虑以下两方面内容。

1. 如何提升个人有关事项报告查核一致率

根据近年来抽查核实结果看，领导干部对个人有关事项报告越来越重视，抽查中的漏报比例有所下降，查核一致率逐年提高；同时，填写的准确度、规范度明显提高，表明领导干部对这项工作的认识进一步加深，廉洁自律意识增强，抽查核实作用也初步显现。遗憾的是，有时仍存在个人有关事项报告查核一致率略低于水利部平均水平的现象。这通常不是领导干部主观上刻意漏报或瞒报，主要还是领导干部对相关政策规定学习不深入、不透彻；有些领导干部和家人沟通不充分、不细致，同时未认真按照辅助查询工具进行查询，仅凭主观印象和记忆填写完成便不再加以核实，以致不能完整、准确填报个人有关事项报告。如何开展针对性工作，推动提高报告质量、提升查核一致率，是目前摆在水利

科研事业单位面前亟待解决的实际问题。

2. 如何做好个人有关事项报告新旧规定衔接

2023 年，中共中央办公厅、国务院办公厅修订相关制度规定，调整优化报告内容，并加大抽查查核力度，要求领导干部按照首次报告要求准确完整填报。水利部要求部属单位以严的基调、严的措施、严的氛围贯彻执行规定，加强组织领导，准确把握新要求，强化审核把关，完善工作机制。如何组织新规定的学习贯彻落实、做好个人有关事项报告新旧规定衔接、全面提升个人有关事项报告质量，避免领导干部因首次报告时间久远、记忆不清造成的漏报瞒报，成为水利科研事业单位 2023 年乃至今后几年需深入研究的问题。

（二）选人用人监督难点问题及原因分析

水利科研事业单位在选人用人方面被提及的问题主要集中在选人用人进度较慢、年轻干部选拔任用力度不够、一些领导班子配备不齐等方面，个别部门认为干部选拔任用工作就是岗位空缺后把人选出来，在考察工作结束后就希望干部能够尽快到位、进入角色、开展工作，认为中间程序环节过多、过程耗费时间较久。事实上，水利科研事业单位必须在加大年轻干部选拔任用力度、持续加强领导班子建设的同时，加强选人用人监督，切实把监督贯穿于分析研判和动议、民主推荐、考察、讨论决定、任职等干部选拔任用各环节全过程，确保公平公正地将真正能够堪当水利重任的干部选拔出来。如何坚持监督全过程全方位，使严格遵守事前报告、事中监控、事后检查及选拔任用各环节的监督要求有章可循、有据可查，使干部选拔任用每个重要环节都能达到"质量标准"，实现对选拔任用过程的全覆盖监督管理，是水利科研事业单位应当持续下功夫研究的问题。

（三）干部担当作为情况监督难点问题及原因分析

和许多单位一样，水利科研事业单位也面临着干部队伍年龄结构老化问题。一是历史原因，20 世纪 60 年代出生的领导干部较多，毕业后整个社会百废待兴、人才紧缺，大部分干部因具备扎实的专业知识而较早走上领导岗位且在领导岗位工作多年，导致部分年轻干部发展空间受限；二是水利科研事业单位领导干部集管理者和专家于一身，在承担行政性管理职责的同时也必须是水利专业领域的高层次顶尖人才，而人才的成长需要长期的科研实践和学术积累，管理能力的培养则需要有针对性的实践锻炼，这就决定了科研单位领导干部的培养周期和成长路径不能简单按照单一行政管理类领导干部进行比照和衡量，晋升年限往往较长；三是水利科研事业单位对学历要求较高，博士研究生、博士后占比大，进单位时年龄整体偏大，且因事业单位领导职数有限，若能上能下机制探索再晚一些，易造成干部调整周期较长、干部锻炼培养较为滞后的问题。水利是民生之本，水利行业是艰苦行业，立足本职岗位，履职尽责、攻坚克难、担当作为也是选择进入水利行业的水利人之初心所在、职责所系，但由于干部年龄老化等多方面原因，部分干部对于打破惯性思维和思维定式放得不够开，缺少一种迎着困难上、奔着问题去的拼劲和闯劲。从哪些方面对干部担当作为情况进行监督，如何更好地激发干部恪尽职守、激励干部攻坚克难，是水利科研事业单位需长期关注并研究解决的问题。

三、以中国水利水电科学研究院为例总结实践成效

中国水利水电科学研究院是国家级社会公益性科研机构，经过几十年的发展，已建设成为人才优势明显、学科门类齐全的国家级综合性科研机构，始终高度重视年轻干部队伍建设，大力发现选拔优秀年轻干部，加强教育培养和实践锻炼，从严从实加强干部监督管理，不断激励干部担当作为，经多年实践研究，在个人有关事项报告工作、选人用人监督、干部担当作为情况监督等干部监督管理方面总结了一些实践成效，形成了一些特色做法。

（一）提对策、做衔接，高质量做好个人事项报告工作

1. 提升查核一致率的对策建议

一是增加干部监督力量。注重加强干部监督力量，成立干部监督部

门，明确专职人员从事领导干部个人有关事项管理等干部监督工作，推动扎实做好领导干部个人有关事项工作，不断提升干部监督工作效能。

二是开展针对性培训。通过专题讲座系统讲解填报内容，着重强调变化要求，全面梳理易错易漏点，为规范准确填报提供有针对性的指导方法；对于重点查核人员，做好"一对一"全覆盖培训，对于易出现的对政策要求理解不清等问题，逐项解析，耐心讲解；加强对过往报告情况与查询结果不一致人员的重点提醒和辅导。

三是加强宣传解释。通过多种途径，从政策背景到操作细节，宣传如何做好领导干部个人有关事项报告，进一步加大政策解释和宣传力度。工作人员就相关要求逐一向领导干部进行专门说明及政策解释，当好填报"服务员"和业务"讲解员"。

四是编制填报手册。编制领导干部个人有关事项填报手册，对填报范围、报告事项以及每项报告事项需注意的情况、易错易漏点等进行解释说明，进一步加深领导干部对报告个人有关事项政策的认识和理解。

五是开展专项"体检"。开展个人有关事项报告专项"体检"，组织领导干部对本人及家庭成员投资企业、担任高级职务等情况进行核查，推动在易错易漏事项上的集中"体检"；全面梳理个人有关事项报告查核中发现的问题并积极整改，促使个人有关事项报告工作程序更加规范、查核认定更加精准科学。

2. 做好新旧规定衔接途径探索

一是切实加强组织领导。组织参加工作部署会，把报告个人有关事项的意义、政策规定、填报说明、易错易漏点、不如实报告的后果和纪律要求讲清楚，强调如实向组织报告个人有关事项是必须严格遵守的政治纪律和组织纪律，引导领导干部准确领会和把握中央精神，切实强化纪律意识、规矩意识和组织观念。

二是精心组织集中填报。总结提炼报告事项调整优化内容，提醒领导干部按照首次报告要求准确完整填报；归纳辅助查询方式及查询步骤，要求领导干部对易错易漏事项的查询结果截图；在领导干部填报过程中，加强政策解读、填报辅导，及时答复问题、解疑释惑，确保高质量做好填报工作。

三是进一步深化审核把关。在把报告表内容录入系统的过程中做到"三比对",即将个人有关事项报告和领导干部查询结果截图进行比对,和近年经商办企业等专项工作进行比对,和日常报告事项进行比对,逐人逐项严格审核、严格把关,就有疑问的地方与领导干部及时做好沟通交流,发现问题及时反馈给本人修改完善,引导督促领导干部做好填报工作,着力提高填报一致率。

(二)扣主线、提重点,初步建立选人用人监督体系

1. "事前、事中、事后"紧扣干部选拔任用全过程监督主线

在处级干部选拔任用监督方面,将监督融入干部选拔任用各环节、全过程,事前严格执行"凡提四必"、任前事项报告等制度;事中落实纪实办法,紧盯关键环节和重要情况;事后配合做好上级单位或组织开展下级单位选人用人专项检查、"一报告两评议",落实选人用人责任,加大责任追究力度。推进干部选拔任用全过程监督、全覆盖管理、全链条检查,做到事前有报告、事中有监控、事后有检查,推动干部选拔任用工作步步监督、环环相扣、事事纪实。

2. "强化六个考虑"以提炼干部选拔任用各环节监督重点

为更好推进干部选拔任用全过程监督,在干部选拔任用的分析研判和动议、民主推荐、考察、讨论决定、任职等各个环节,强化六个考虑以提炼监督重点:一是考虑原则性,坚持党管干部原则,充分发挥党委在干部选拔任用工作中的领导和把关作用;二是考虑整体性,将对干部队伍建设的通盘考虑和对选人用人工作的整体谋划放在重要位置;三是考虑导向性,以突出政治标准、树立正确用人导向,遵守组织人事纪律、匡正选人风气作为重要着力点;四是考虑制度性,把干部选拔任用工作政策规定和配套制度贯彻落实到干部选拔任用及监督工作各环节;五是考虑程序性,确保干部选拔任用程序不缺环节、不错步骤;六是考虑基础性,保障干部选拔任用全过程能够追溯和倒查。

3. "绘线连点成脉络"初步建立选人用人监督体系

瞄准选人用人质量提升目标、紧扣干部选拔任用全过程监督主线、

提炼干部选拔任用各环节监督重点，对干部选拔任用每个环节需要重点关注、容易出现失误的工作内容进行细化，分为总体情况、分析研判和动议、民主推荐、任前事项报告、组织考察、讨论决定、任职及任职后等 8 个具体项目以及若干个落实情况的具体要求，绘线连点成脉络，初步建立可对照检查的选人用人监督体系（详见附件），使干部选拔任用各环节监督要求有章可循、有据可查，以强化选人用人监督管理，促进选人用人质量提升。

（三）明方向、定举措，着力促进干部担当作为

1. 初步探讨干部担当作为情况监督方向

根据上级主管部门关于促进干部担当作为相关文件内容和讲话精神，从包含但不限于以下方面对干部担当作为情况进行监督，即是否关注干部政治素质考察把关；是否采取有效措施激励干部担当作为，推动领导干部能上能下；是否大力选拔任用敢于担当作为、工作实绩突出的干部；是否把敢不敢扛事、愿不愿做事、能不能干事作为识别干部、评判优劣、奖惩升降的重要标准；是否对状态差、慢作为、不敢斗争的及时提醒督促和整改，对不作为、假作为、庸政懒政怠政的坚决进行调整；是否从容错纠错、关心关爱等方面开展相关工作。

2. 重点关注干部政治素质考察把关

一是选拔任用干部时，坚持把政治标准放在首位，从政治担当等五方面对拟提拔处级干部开展政治素质专项考察测评，把政治素质考察结果作为激励干部担当作为的重要抓手，选出一批政治担当过硬的新时代好干部。二是年度考核评优时，突出政治标准，优先考虑增强"四个意识"、坚定"四个自信"、做到"两个维护"、全面贯彻执行党的理论和路线方针政策、忠诚干净担当的班子和干部职工。三是给予奖励时，重点奖励政治立场坚定、对党忠诚，深入贯彻落实习近平总书记关于治水的重要论述精神，围绕推动新阶段水利高质量发展六条实施路径，立足本职岗位、敢于担当、善于作为，在履行职责职能中作出显著成绩和贡献的集体和干部职工。

3. 采取有效措施激励干部担当作为

一是积极探索干部配备新模式，强化研究所年轻干部培养锻炼。把优秀年轻干部选拔配备工作融入日常、抓在经常，坚持拓宽选人视野与严格把关相结合，在培养锻炼中充分发挥所长在"传帮带"方面的引领带动作用，注重干部梯队建设和专业结构互补，在岗位空缺时利用培养锻炼成果择优推荐人选，充分调动年轻干部担当作为的积极性。二是畅通年轻干部成长通道，打破只上不下的惯性思维。结合工作实际和干部自身特点、个人意愿，推动能下者下有章法，充分发挥退出领导岗位后的干部的优势专长，科学合理做好退出后的岗位安排。

4. 大力选拔任用敢于担当作为干部

加强分析研判和统筹谋划，坚持把各部门领导班子配备同年轻干部选拔使用统筹考虑，在干部提拔任职、到龄退休、退出领导岗位后出现岗位空缺时，根据干部特点及岗位要求，不拘一格大胆使用干部，把工作业绩和担当作为情况作为干部选拔任用的重要依据，重点关注扶贫挂职干部的管理使用，重点倾斜在急难险重任务以及破解新老水问题、推进新阶段水利高质量发展中担当作为、业绩突出的干部，如在海河"23·7"流域性特大洪水防御过程中冲锋在前、实绩突出的干部，激励引导干部履职尽责、奋发担当。

5. 完善考核评价制度激励干部真抓实干

完善考核评价制度，优化年度考核机制，树立重品行、讲担当、比贡献的鲜明导向，注重考核在急难险重任务关键时刻的表现，建立多维度综合考核体系，完善等次确定标准，更好发挥年度考核"指挥棒"和"风向标"作用，把敢不敢扛事、愿不愿做事、能不能干事作为识别干部、评判优劣、奖惩升降的重要标准。强化考核结果运用，让真正有担当有作为的干部能够在考评中脱颖而出，对表态多调门高、行动少落实差、慵懒散拖、作风形象不佳、群众意见大造成恶劣影响的干部坚决予以调整，切实调动各部门领导班子和干部职工的积极性、主动性、创造性，提振干部职工真抓实干、干事创业精气神。

6. 坚持容错纠错和关心关爱相结合

一是加强对干部全方位管理和经常性监督。注重平时教育管理，及时对干部进行廉政提醒谈话，有针对性地进行提醒和批评教育、函询和诫勉；建立公正公平和教育惩处相结合的处分制度，规范干部行为；针对干部的个别不实举报，组织人事部门配合纪检部门及时调查核实、澄清正名，推动教育提醒、制度约束、组织处理、容错纠错协调联动。二是真心实意关心关爱干部。做好干部心理压力疏导，开展各项慰问工作，减轻不必要非科研负担，让干部安心、安身、安业；建立导向鲜明、科学规范、有效管用的奖励制度，坚持精神与物质激励相结合，对在本职工作和履行社会责任中表现突出、有显著成绩和贡献的给予奖励，对典型事迹全方位多角度宣传报道，积极营造见贤思齐、争做先进的良好氛围。

四、水利科研事业单位干部监督的下一步工作

新时代干部监督工作任重道远，水利科研事业单位组织人事部门要勇挑重担，认真履职，统筹做好干部监督等各项人事工作，对于仍存在的需长期关注、持续研究解决的问题，在今后工作中，突出问题导向，凝聚奋进力量，把破解重点难点问题作为提升工作成效的关键途径深入推进落实；健全与纪检、审计、信访等部门的协作机制，群策群力构建更加高效的干部监督工作格局，共同推动工作向优提升，为推动新阶段水利高质量发展作出新的更大贡献。

加强优秀年轻干部培养选拔工作研究

主要完成人：杨廷伟　黄晓丽　郭晓军　李皓

贺超　张璇　赵思暄　张竞文

所在单位：水利部建设管理与质量安全中心

年轻干部是党和国家事业的接班人，肩负着重要的历史责任和时代责任，是党和国家事业发展的希望。习近平总书记强调，培养选拔优秀年轻干部是一件大事，关乎党的命运、国家的命运、民族的命运、人民的福祉，是百年大计。近年来，水利部建设管理与质量安全中心（以下简称"建安中心"）党委深入学习贯彻习近平总书记关于年轻干部培养的重要论述，采取一系列措施加强年轻干部的思想淬炼、政治历练、实践锻炼、专业训练，着力培养想干事、能干事、干成事的年轻干部。课题组在总结提炼建安中心已有工作经验的基础上，通过问卷调查、个别访谈等方式深入开展调查研究，摸清当前年轻干部培养存在的主要问题，总结加强年轻干部培养选拔的工作措施，形成调研成果如下。

一、新时代培养选拔优秀年轻干部的重要意义

党的十八大以来，习近平总书记着眼于党的事业继往开来和国家长治久安的深远考虑，将年轻干部队伍建设放在治国理政、管党治党的突出位置，围绕如何培养造就高素质年轻干部队伍作出一系列重要论述，提出一系列新理念新思想新论断。做好年轻干部培养选拔工作，要深刻学习领会习近平总书记关于新时代做好年轻干部培养选拔工作的一系列重要论述，充分认识新时代培养选拔优秀年轻干部的重要意义。

培养选拔年轻干部是奋进新时代、开启新征程的需要。中国特色社会主义进入新时代，实现中华民族伟大复兴进入了不可逆转的历史进程。新时代新征程新使命新考验，关键在于建设一支高素质专业化干部队伍，

归根到底在于培养选拔一批又一批优秀年轻干部接续奋斗。因此，就需要党和国家从推进中国特色社会主义现代化建设战略全局的高度，着力培养和选拔一大批忠诚于习近平新时代中国特色社会主义思想、坚定不移坚持中国特色社会主义道路、堪当民族复兴大任的时代新人。

培养选拔年轻干部是优化领导班子结构和提高干部队伍整体素质能力的需要。首先，培养选拔年轻干部对优化领导班子的年龄结构、知识结构、专业结构和能力结构等具有重要意义。领导班子由老、中、青三个年龄段的人员组成，由此形成合理的梯次结构，是优化领导班子结构的基本要求。大力培养选拔年轻干部，及时把优秀年轻干部充实到领导班子当中，能够有效地实现领导班子的知识互补、专业配套、经验互鉴、能力叠加的"乘积效应"，从而实现 $1+1>2$ 的结构功能。其次，培养选拔年轻干部对提升干部队伍整体素质能力极为重要。当今时代是一个不断深化改革、扩大开放、创新创业的时代，需要不断地在各级领导班子和干部队伍中注入新生力量，激发创新活力，从整体上持续提升适应新时代要求、具备领导现代化建设的素质能力。

培养选拔年轻干部是党的事业薪火相传、国家长治久安的需要。中国特色社会主义进入新时代，建设现代化的繁重工作任务、错综复杂的国内国际形势和矛盾问题，对各级领导班子和领导干部的政治素质和执政能力等提出了新的更高的要求。培养和造就一代又一代坚持真理、坚定信念、对党忠诚、勇于担责、服务人民的年轻干部，是中国共产党对国家、民族和人民最大的政治责任，大力培养选拔优秀年轻干部永远在路上。

近年来，水利部党组高度重视年轻干部成长成才，要求部属各单位将习近平总书记重要指示要求落实到部属系统年轻干部选育管用各环节、成长进步各阶段。要健全培养选拔优秀年轻干部常态化工作机制，加强部属系统年轻干部教育管理监督，引导年轻干部自觉做党的创新理论的笃信笃行者、对党忠诚老实的模范践行者、矢志为民造福的无私奉献者、勇于担当作为的不懈奋斗者、良好政治生态的有力促进者，培养造就符合推动水利高质量发展要求、堪当强国建设、民族复兴重任的高素质专业化水利干部队伍。

二、建安中心年轻干部队伍状况分析

课题组通过问卷调查、个别访谈等方式深入开展调查研究，对建安中心干部队伍基本情况进行了分析。

（一）干部队伍基本情况

建安中心 40 岁及以下年轻干部占比为 40％，加之近年来退休人员较多，亟须吸引人才，补充人员缺口，储备后备力量。

建安中心各处室间人员梯队建设不平衡，处室平均年龄为 33～46 岁。少数处室人员年龄段分布集中，没有形成老中青合理搭配的人才梯队结构，人才结构不平衡。亟须高质量绘好各处室年轻干部队伍梯队建设路线图，确保用时有人选、选择有空间。

建安中心处级干部平均年龄为 45 岁，其中 40 岁及以下占比仅为 22％。处级年轻干部数量偏少，不利于建安中心干部成长。

建安中心 40 岁及以下年轻干部学历普遍较高，其中研究生学历占比为 67％，本科学历占比为 33％；水利及相关专业占比为 73％。在专业分布上，缺少履行职能所需的安全生产管理、信息技术等相关专业背景人才，在实现监督检查工作信息化、数字化方面缺少技术支撑。

建安中心具有副高级及以上专业技术任职资格人员占比为 70％，平均年龄为 46.5 岁。2023—2024 年退休的 9 人，全部具有副高级及以上职称，一批专家型人才即将退休，技术力量缺失较严重，亟须推动年轻干部迅速成长为中坚力量。

建安中心缺少高层次人才，目前仅有 2 名水利青年拔尖人才，缺少在行业内有影响力的高层次人才。近两年，建安中心通过正高级工程师评审的人数较少，高水平人才竞争力不足。

（二）年轻干部培养的经验做法

建安中心党委高度重视年轻干部培养工作，对标新时代好干部标准，提炼了"两化、四炼、三抓"工作法。"两化"强政治素质，组织新任职、新入职干部培训，召开青年干部座谈会，开展思想状况调研等，常态化开展谈心谈话，推动理论学习常态化、思想政治工作制度化。"四炼"促能力提升，通过青年干部讲堂等鼓励大家上台授课接受锻炼，开展工程建设管理技术研究攻关实施专业训练，组织年轻干部赴工程建设一线实践磨炼，持续推动干部交流轮岗、多岗位交流历练，提升综合素质。"三抓"显严管厚爱，抓跟踪考核、监督管理、服务保障，鲜明树立重实干重实绩的用人导向，建立处级及以下干部廉政档案、年轻干部档案，全方位常态化了解识别干部，干部职工工作热情得到充分发挥。

三、当前年轻干部培养存在的问题

尽管建安中心年轻干部培养取得了一些成绩，但是年轻干部能力素质对标新时期好干部标准和新阶段水利高质量发展需求，还存在一些差距，主要体现在以下四个方面：

（一）年轻干部理论学习不够深入，理论素养需要持续提升

"根基不牢，地动山摇"，政治素质是党员各项素质的核心，加强政治理论学习是年轻干部增强个人能力的首要任务。从日常谈话和了解看，年轻干部普遍能意识到政治理论学习的重要性，能够自觉参加建安中心党委、支部、青年理论学习小组的各项学习活动。但是调研发现，年轻干部政治理论学习主要以参加集体学习为主，利用业余时间自主学习的相对较少；在交流研讨时，发言内容真正结合自身工作讲学习感悟的还较少。在2023年建安中心党委组织的"我学我讲二十大"专题领学活动中，通知明确要求领学人要对相关专题的历史缘由、科学内涵、实践要求等进行阐述，但11位报名宣讲的人员中，真正达到了这个要求的只占少数。

习近平总书记指出，年轻干部要胜任领导工作，需要掌握的本领是很多的，最根本的本领是理论素养。建安中心作为水利部直属事业单位，是践行"两个维护"的第一方阵和贯彻落实党中央决策部署的"最初一公里"。走好第一方阵，必须要走在理论学习的前列，在学懂弄通做实上当好示范，不能随大流、一般化。对于年轻干部来讲，将来会面对复杂的环境和繁重的工作

任务，只有用科学的理论武装自己的头脑，才能掌握事物发展变化的规律，把感性认识上升为理性认识，从而更好地指导实际、指导行动。

（二）年轻干部业务能力不够扎实，真抓实干的作风需要锤炼

从日常谈话和了解看，年轻干部普遍思维敏捷、充满朝气，有努力工作、提升本领的愿望。问卷调查中，27名年轻干部均希望提升业务、写作等工作能力，占比为100%；有33%的年轻干部希望领导给予重要任务，提供实践锻炼机会。

提升个人能力从来不是简简单单、轻轻松松就能达到的事。从谈话了解看，年轻干部提升个人能力依靠日常工作按部就班、被动等待的多，主动作为、坚持不懈的精神还有欠缺。比如，有的反映，检查工作没有成就感，均是重复性劳动，报告交上去也看不到效果，看不见个人能力的提升；有的反映，在司局借调期间需要经常性地翻阅规范，对建安中心检查报告中的每个问题都要对照规范认真核对，回到建安中心反而没有翻阅过；不少年轻干部提到，计划利用监督检查工作的机会去深入了解工程建设的相关环节，但实际工作中认真实施的又很少。

建安中心的职责定位和工作性质对提升年轻干部的专业能力既有优势，又存在不足。优势是年轻干部可以利用监督检查的机会，接受行业一流专家的"面对面"讲解、"手把手"传授，能够见识不同类型、不同地域、不同建管模式的水利建设项目，能够第一时间了解掌握水利部最新政策要求，是难得的学习锻炼机会。不足之处是工作方式较为单一，如果年轻干部缺少"打破砂锅问到底"的劲头，就容易将具体工作任务局限于梳理汇总专家发现的问题、对照制度规范核对规范条文等事务性工作，没有真正深入到工程一线去学习具体的施工工艺、控制要点，去理解制度规范背后的理论和逻辑，变成了检查工作的"导游""服务员"，业务能力长期在低水平徘徊。

（三）年轻干部工作经验不够丰富，遇到问题主动汇报的意识需要加强

年轻干部大多受过良好的高等教育，具有学历高、视野宽、能力

强等特点。但年轻干部多为"三门"（家门—校门—机关门）干部，存在心性不够成熟、考虑问题不够深入、工作谋划不够全面等问题。领导、同事的及时谈话提醒，可以引导他们正确面对和解决成长、工作中的问题，避免"走弯路"。在问卷调研中，有 40％的年轻干部希望通过领导谈话教育的方式，得到组织的鼓励和帮助；在谈话中，年轻干部普遍反映，通过中心领导、部门负责人的谈话教育，得到了点拨，收获很大。

问卷调查中，领导与年轻干部的谈话有 60％集中在组织生活会前，日常及时、有针对性的谈心谈话比较少。建安中心各级领导均十分关注、关心年轻干部成长，愿意给年轻干部提供引导和帮助。但在实际中，有的年轻干部性格比较内向，不善于或者害怕跟领导交流；有的年轻干部思想上存在误区，认为经常找领导汇报会让别的同事认为是讨好巴结、打小报告，存在思想顾虑，主动向领导汇报思想、工作、生活的还比较少。

党员向党组织汇报思想和工作情况，是我们党的优良传统，是党员与党组织保持经常性联系、沟通，求得组织帮助指导的一种方式，也是党组织了解党员思想情况的重要途径。年轻干部要本着对自己负责、对组织负责的态度，主动汇报自己的想法，提出自己的合理诉求，不要让困惑阻碍前进的脚步。同时，汇报要本着求真务实的态度，要以问题为导向，让组织了解真实情况，让自己的困难及时得到解决，做到主动汇报、常汇报、会汇报，常沟通、能沟通、善沟通，确保更好地推进工作。

（四）年轻干部培养体系不够完善，组织培养的关键作用仍需进一步发挥

成长为一个好干部，一靠自身努力，二靠组织培养。自身努力是优秀年轻干部成长的决定性因素，组织培养则是优秀年轻干部成长的关键。年轻干部培养需要有人抓、有人干、有人督，需要构建党委统一领导，组织人事部门牵头抓总，各部门各司其职、密切配合、齐抓共管的人才工作格局。其中所在部门是年轻干部教育管理监督的主责部门，部门负

责人对年轻干部的情况最了解，是年轻干部工作后的第一位老师，也是年轻干部培养的第一责任人。

当前，建安中心各部门对年轻干部培养总体是重视的，也采取了很多措施，比如讲党课、压担子、参与支部工作等，但仍有少数处室在培养年轻干部方面作用发挥不到位。比如有的觉得年轻干部不成熟、不放心，安排的工作完成质量不高，不敢放手大胆使用；有的对所属人员状况尤其是思想状况不了解，过分关注工作完成情况，忽视了年轻干部的思想动态和情感表达；有的对年轻干部培养缺乏有效抓手，处室内讲业务、支部讲党课等一些好的做法，没有在建安中心完全推广，问卷调研中，有63％的年轻干部2023年未在支部或处室内讲课。

抓年轻干部培养不能只停留在口号上，要落实到具体务实的举措上，落实到日常工作的方方面面。各部门负责人要切实担负起培养选拔优秀年轻干部的政治责任，把做好"传帮带"作为义不容辞的重要职责，着眼于年轻干部成长周期，有针对性地给予关心照顾，在"种子"阶段厚植土壤，在"育苗"阶段精心呵护，在"生长"阶段搭台子、架梯子、压担子，帮助年轻干部成长为政治坚定、业务扎实、作风过硬的骨干栋梁。

四、加强年轻干部培养的措施

培养选拔优秀年轻干部，是加强领导班子和干部队伍建设的一项基础性工程，是事关党的事业薪火相传和国家长治久安的百年大计。习近平总书记在庆祝中国共产主义青年团成立100周年大会上强调，各级党委（党组）要倾注极大热忱研究青年成长规律和时代特点，拿出极大精力抓青年工作。课题组总结建安中心党委年轻干部"选、育、管、用"各环节经验做法，提出年轻干部培养措施如下：

（一）强化政治引领，筑牢年轻干部思想根基

年轻干部作为党和国家事业的接班人，首先要做到政治上合格，砥砺坚定的政治品格，锤炼过硬的政治能力，始终把握正确的政治方向，

坚持忠诚、干净、担当。组织部门要把"思想理论武装、理想信念教育"贯穿于年轻干部培养的始终，不断完善思想政治工作的体制机制和工作体系。一是坚持政治理论学习常态化。坚持不懈用习近平新时代中国特色社会主义思想凝心铸魂，引导年轻干部深刻领会习近平总书记最新重要讲话和重要指示批示精神，深刻理解把握精髓要义，掌握贯穿其中的马克思主义立场观点方法，自觉用科学理论武装头脑、指导实践、推动工作，锻造年轻干部对党绝对忠诚的政治品质；充分运用支部"三会一课"、青年理论学习小组、青年干部大讲堂、专题培训等方式，从源头上抓好年轻干部理想信念教育；充分利用参观红色教育基地、知识竞赛、读书会、征文、演讲等活动，组织年轻干部经常性地开展革命主义教育和爱国主义教育活动，传承红色基因、赓续红色血脉；积极选送优秀年轻干部参加上级党校、团委组织的培训，通过理论教育和党性锻炼，不断进行思想淬炼。二是坚持思想政治工作制度化。建立健全思想政治工作责任制，建立内容全面、方法科学的工作体系。每年组织开展思想状况调研、职工干部座谈会，畅通年轻干部向组织反映问题、需求、困难渠道，有针对性地进行答疑解惑、教育引导；落实谈心谈话制度要求，党委班子成员、各支部书记、部门负责人要随时关心关注年轻干部的学习、工作、生活和思想动态，主动和年轻干部开展一对一的谈心谈话，及时了解情况、疏导情绪、加油鼓劲。

（二）坚持多措并举，加强年轻干部历练锻炼

"刀在石上磨、人在事上练"，年轻干部必须克服本领恐慌，在学习实践中不断提高各种能力、练就肩负历史使命的过硬本领。组织部门要把"提升专业水平、强化实践能力"贯穿于年轻干部培养的始终，持续优化改善年轻干部队伍的知识结构，提升年轻干部队伍的专业能力。一是搭建交流平台，开展上台历练。组织开展党务培训、新任职干部培训等，采取面授、网络视频课程、座谈交流相结合的方式，帮助增强履职本领；组织年轻干部积极上讲台，采取微党课、处室内轮流授课、"学思践悟"讲堂等方式，引导年轻干部以讲促学、以学促干。二是参与重要

工作，进行专业训练。鼓励年轻干部积极参与技术标准修编、案例教材编写等工作，自主认领任务，定期汇报交流，提升专业水平；推行"一对一"导师制度，发挥领导专家对年轻干部的"传、帮、带"作用，帮助提升工作能力。三是创造实践机会，强化实践锻炼。坚持从实际出发，根据年轻干部的专业和专长，有针对性地采取工程一线磨炼、横向交流轮岗、借调机关司局、参与党务工作等方式，帮助年轻干部开阔视野、增长才干、砥砺品质。

（三）严管厚爱并重，强化年轻干部教育管理监督

好干部是选出来的，更是管出来的；严管就是厚爱，是对干部真正负责、真正爱护。习近平总书记在十九届中央纪委六次全会上强调，要加强对年轻干部的教育管理监督，引导年轻干部对党忠诚老实，坚定理想信念，牢记初心使命，正确对待权力，时刻自重自省，严守纪法规矩，扣好廉洁从政的"第一粒扣子"。组织部门要把"强化教育管理监督、坚持严管厚爱并重"贯穿于年轻干部培养的始终，帮助年轻干部在严管下成长、在磨砺中成才。一是抓廉洁从业。聚焦年轻干部健康成长，定制"纪法宣讲、廉政谈话、廉政党课、警示教育、廉政档案"廉政套餐，定期组织党章党规党纪学习，开展新任职、新入职年轻干部廉政谈话，对年轻干部讲廉政党课，党支部每季度组织警示教育，以"一人一档"形式建立年轻干部廉政档案，帮助扣好廉洁从业"第一粒扣子"。二是抓跟踪考核。综合运用日常党建督查、学习情况检查、党风廉政建设责任制检查、年度考核等方式，全方位了解年轻干部政治素质、能力作风和群众口碑，跟踪掌握思想和行为轨迹，对苗头性、倾向性问题及早提醒预警、纠偏正向，考核结果作为干部选拔任用、培养教育、管理监督、激励约束的重要依据。三是抓服务保障。坚持以人为本，注重人文关怀，千方百计为年轻干部办实事、解难事，持续开展专业技术职称评审、岗位聘用工作，为年轻干部办理解决夫妻两地分居、京外调干、北京市工作居住证等，帮助解决后顾之忧；发挥群团组织作用，每年开展健步走、乒乓球赛等丰富多彩

的文体娱乐活动，舒缓工作压力，营造和谐氛围。

（四）建立健全体系，压实年轻干部培养各方责任

年轻干部的培养是党的干部队伍建设的重要组成部分，要抓住明确责任、落实责任、追究责任这个"牛鼻子"，形成党委统一领导，组织人事部门宏观指导、综合协调，各部门狠抓落实的工作格局。一是党委要落实年轻干部工作主体责任。要加强长远规划，提出具体举措，健全工作机制，建立健全常态化谈心谈话、教育培训、实践锻炼、日常提醒等工作机制，把年轻干部培养作为一项战略性、基础性工作抓紧抓实。二是人事处、团总支要加强统筹协调，将各项措施落到实处。人事处要积极搭建干部实践锻炼平台，加大交流轮岗力度，将各处室年轻干部培养工作情况作为年度党建督查、支部考核、年度考核的重要内容，切实推动各项措施落地见效；团总支要继续开展青年大讲堂、读书会等活动，结合一线锻炼"周例会、月讲堂"活动，开展研讨式交流学习，以讲促学、以学促干、以"分享"促"共享"，提高年轻干部的理论素养和专业水平。三是各处室要精耕细作"责任田"，助力年轻干部茁壮成长。各处室是年轻干部培养的主责部门，要积极对照培养计划及量化指标，探索开展干部培养"一人一方案"，落实工作任务和责任；要支持和鼓励年轻干部积极参加课题研究、教材编写、培训授课、技术服务等工作，加大对年轻干部的关心关爱，从思想引导、事业关爱、生活关心入手，激发年轻干部担当作为。四是年轻干部要珍惜机会，锻炼过硬本领。对于干部的成长，组织培养是外因，自身努力是内因，是决定性因素。建安中心年轻干部要珍惜学习机会，加强政治理论学习，在学思践悟中坚定理想信念；要加强实践锻炼，沉到一线去、进到项目上、钻到课题里，在干中学、在学中干，多出成果、出好成果；要强化自我约束，严格落实建安中心廉洁从业各项制度规定，时刻自重自省，严守纪法规矩，扣好廉洁从业的"第一粒扣子"。

附件

××处室20××年度年轻干部培养工作清单

姓名	在本单位工作时间/年	在处室工作时间/年	参加学习培训情况（每年理论学习发言不少于2次，部门、支部、青年理论学习小组均可）	参加本单位活动情况（每年至少参加1次建安中心组织的活动，包括参观红色基地、知识竞赛、读书会、征文、演讲等）	支部书记、处室负责人与年轻干部谈心谈话次数（每年不少于1次）	授课情况（每年至少授课1次，支部、处室均可，应有课件）	新入职干部赴一线锻炼情况（入职5年内应赴一线锻炼1年）	接受廉政谈话或学习规章制度情况（每年至少1次）	多岗位历练情况（参与其他处室工作、借调上级单位等）	参加技术标准编、案例教材编写、课题研究等情况	其他突出表现	当前存在困难
张三	10	7	共5次。(1)7月×日，参加××利部组织的××培训班；(2)2月3日，分别于7月9日，在支部围绕××主题、在××体学习上发言；(3)4月8日，分别围绕××、××主题，在青年理论学习小组上发言	共2次。(1)××月×日，参加中心"我讲二十大"我学习宣讲主题活动。(2)6月10日，参加组织的××知识竞赛活动	共2次。(1)3月2日，支部书记张三开展组织生活会前谈话(2)11月10日，处长与张三就近期工作情况开展谈话	共3次。(1)3月5日，在支部以××为题讲微党课；(2)5月9日，以××为题在处室内授课(3)11月10日，在××基地的培训会上以××为题授课	2019年1—12月，赴×××锻炼一年	共2次。(1)4月××部组织××等学习(2)5月20日，纪委与张三进行廉政谈话	4—8月，参加中心党委主题教育工作专班工作，负责××工作	共参加1个标准案例教材等编写，1本标准修编、1个课题的研究工作。(1)标准修编：主要负责《××标准××》部分的起草工作；(2)案例教材编写：主要负责《×××》部分的编写工作；(3)课题研究：主要负责《××大纲××》课题大纲起草、报告编写等工作	(1)获××奖情况；(2)获××认得领导肯定情况……	

在全局范围内组织副科级干部
竞聘实践初探

主要完成人：于健丽　曹素华　王帅　郭敏姣

所在单位：天津市水务局

为促进天津市水务局全局范围内人才流动，拓宽选人用人视野，加强科级干部队伍建设，激发广大干部职工干事创业的热情，调研组针对在天津市水务局全局范围内组织副科级干部公开竞聘的现实需要、内在逻辑和实践问题开展调研，助推建立科学、规范、有效的局系统内科级干部公开竞聘工作机制，形成调研报告如下。

一、现实需要、政策依据和探索初衷

（一）现实需要

由于历史原因，天津市水务局推进干部队伍年轻化存在一定短板，特别是局属事业单位管理人员"双肩挑"，兼着专业技术职务的现象比较普遍，挤占了本就不多的科级职数和专业技术岗位，致使年轻干部成长受限，事业发展需要和优秀年轻干部"上不来"的矛盾较为突出。为了破题攻坚上述问题，局党组在充分调研的基础上，根据《天津市事业单位岗位设置管理实施办法》及相关规定，于 2020 年出台事业单位管理岗位、专业技术岗位"管技分离"改革措施，腾出了 73 个科级职数、292个专业技术岗位；同时，为避免专业技术岗位再次"拥堵"，2021 年出台"管技分离"的配套制度——《市水务局关于推行局属事业单位专业技术人员聘期制的实施意见（暂行）》，目的就是推动解决专业技术职务"一聘定终身"问题，进一步打通年轻干部成长成才通道。"管技分离"改革成效非常显著，让一批优秀年轻干部有机会走上科级岗位，一批年龄较大的科级干部自愿选择转往专业技术岗位，有力促进了科级干部队伍建设。伴随着改革的推进，局系统内科级干部结构失衡问题随之显现。比如，某单位在实施"管技分离"干部选岗时，掌握干部职工思想动态不足，激励干部担当作为不够，多名科级干部陆续辞去领导职务，个别科室由一般职工主持工作，工作接续性受到影响。又如，有的单位干部队伍梯队结构不合理，具备提拔正科级干部条件的副科级干部较少，有三分之一的科室由提任时间不足两年的副科长主持工作，并涉及人事、财务、技术等重要科室。可以说，在局系统内，有的单位科级岗位"等人"、有的单位干部"等岗"的现象并存。

同时，大多数单位仍采用组织民主推荐的方式开展干部选拔任用工作。据统计，自 2019 年 3 月以来，天津市水务局局属单位选拔聘用科级干部 242 人次，其中采用竞聘上岗方式的有 29 人次，占比为 12%。这种方式虽然在一定程度上保证了干部选拔任用工作的严谨、规范，但不可避免地带有视野狭窄、渠道单一的缺陷，可能出现领导岗位空缺亟须配齐但本单位无合适人选的情形。

从全局层面看，虽然天津市水务局党组组织开展了四轮年轻干部多岗位锻炼，也积极选派优秀年轻干部参与东西部协作、扶贫助困等工作，但组织科级干部于单位间调剂使用较少，在盘活现有干部资源上还需要加大力度。

为解决上述问题，打通局属单位干部交流通道，激发广大干部职工的工作积极性，经天津市水务局党组研究，决定尝试在全局范围内组织开展副科级管理岗位公开竞聘工作，变"伯乐相马"为"赛场选马"，选拔一批德才兼备、群众公认的优秀人才进入副科级岗位。

（二）政策依据和探索初衷

2019 年以来，中共中央组织部修订《党政领导干部选拔任用工作条例》、中共中央办公厅出台《事业单位领导人员管理规定》等文件，进一步规范干部选拔任用工作。在确定选拔方式时，明确领导职位出现空缺，若本单位本系统符合资格条件人数较多且需要进一步进行比选择优，可以通过竞争上岗产生人选。

在天津市水务局全局范围组织开展副科级管理岗位公开竞聘工作的一大突破是冲破用人单位的藩篱，将竞聘范围扩大到全局各单位，部分关键环节由局统一组织把关，确保程序的规范和结果的公平公正。采取公开竞聘方式主要出于以下考虑：

（1）公开竞聘有利于破除在本单位论资排辈、平衡照顾的老观念和旧框框。该方式在一定程度上打破了过去由少数人选人、在少数人中选人的状况，打破了干部选拔"封闭化"的运作方式，局属在职职工只要符合竞聘条件，都可以报名参与角逐，都可能得到提拔使用，从而为德才兼备、想干事、敢干事的干部走上领导岗位创造有利条件，促进年轻干部成长成才。

（2）公开竞聘能够统筹单位和个人的需求，提高选人用人的质量。通过单位设置岗位和职工自主报名，把工作需要和个人意愿有机统一起来，能够促进干部职工的合理流动，有利于达到以岗择人、人岗相适的目的，从而在全局范围内优化人才资源配置，实现让干事的人有舞台。

（3）公开竞聘为优秀人才搭建舞台，有助于营造干部健康成长的良好环境。十步之内，必有芳草。局党组始终重视发现、培养和使用优秀年轻干部，实行公开竞聘，为年轻干部的登台亮相创造了机会，为后期形成优秀人才脱颖而出的用人机制奠定了基础。

二、公开竞聘常见问题

事业单位科级管理岗位公开竞聘工作的政策依据主要为《党政机关竞争上岗工作暂行规定》《党政领导干部选拔任用工作条例》《事业单位领导人员管理规定》《天津市事业单位工作人员竞聘上岗暂行规定》，相关文件对于基本程序和方法都有明确规定，但较为笼统，在具体实践环节上缺乏更细致的要求和更详细的规定。为确保公开竞聘工作公平公正，经查阅相关资料，借鉴以往公开竞聘的经验，调研组认为应重点关注以下问题：

（1）如何做好组织动员，争取获得用人单位和干部职工的广泛支持。

由于对公开竞聘的认识不统一，部分单位比较习惯于过去的思维方式，习惯于传统的选人用人方式，认为公开竞聘费时费力，还存在一定的不确定性，对竞聘上岗抱有消极应对的态度，不支持不反对。部分职工对公开竞聘也顾虑重重，一方面担心万一竞聘不成功伤面子、难为情，担心被领导"穿小鞋"；另一方面担心公开竞聘虽然在形式上给每个人创造了一个平等的机会，其实早已内定，只不过是走过场而已，缺乏参与竞争的自觉性和积极性。这些心理的存在都会对竞聘报名情况产生一定影响，可能影响公开竞聘的开展。

（2）如何做好岗位设置，确保参与竞争对象的广泛性。按照天津市竞聘上岗的规定，符合副科级管理岗位任职条件的人员较多，在过去的实践中，有些单位为体现用人自主权，对竞聘者定的条条框框较多，甚至有些竞争条件就是为部分人员量身定做的，往往使人敬而远之，使得部分基本条件符合的人员难以参与竞争。竞争对象范围和渠道狭窄，使得组织高比例的有效竞争难以实现，势必会影响到干部队伍的生机与活力。

（3）如何确保公平公正，规范开展公开竞聘考评环节。规范竞争程序是贯彻"公开、平等、竞争、择优"的保证，文件规定公开竞聘工作须包含笔试、面试、民主测评等环节，其成绩直接影响竞聘结果。但在具体实践中，如何考、考什么、怎么考，结果如何运用成为实践难点，需慎之又慎。只有科学合理确定考评方式，才能有效测试竞聘者的综合素质，进而提升公开竞聘工作的公信力。

三、实践中的具体对策

2023年5月27日，天津市水务局党组会议研究通过了《天津市水务局所属单位副科级管理岗位公开竞聘实施方案》，所属单位副科级管理岗位公开竞聘工作正式拉开帷幕。经前期沟通，局属14家单位共设置21个副科级管理岗位，面向全局开展竞聘。为公平公正做好公开竞聘工作，结合上述公开竞聘关键环节，局党组采取了以下措施：

（1）着力抓好宣传动员，积极鼓励单位职工参与。公开竞聘是一项政策性强的工作，也是天津市水务局近年来首次从制度上、习惯上、风气上进行选贤任能的新尝试。2023 年年初公开竞聘被纳入局重点工作任务后，通过多种渠道与局属单位沟通交流，营造了有利的舆论氛围。同时加大对单位和干部职工的政策引导力度，提高公开竞聘工作的接受度。公开竞聘工作启动后，干部处第一时间通过局内网将其公布在"通知公告"栏，向各单位下发《关于做好局属单位副科级管理岗位公开竞聘报名和资格审核有关工作的通知》，要求各单位高度重视，精心做好动员工作，务必将《天津市水务局所属单位副科级管理岗位公开竞聘实施方案》通知到每一名干部职工，积极鼓励符合条件的干部职工参加竞聘。21 个竞聘岗位共报名 127 人，情况比较理想。

（2）着力把好岗位设置和资格条件审核关，扩大报名对象范围。此次公开竞聘由天津市水务局牵头组织，竞聘岗位由各单位结合空编空岗情况及工作需要确定。副科级岗位的基本任职资格条件按照《事业单位领导人员管理规定》由局统一设置，各单位对负责业务工作的内设机构负责人等个性岗位任职条件进行设置。局对各岗位资格条件进行严格把关，重点审核岗位条件与岗位职责的匹配度，坚决杜绝随意提高或降低要求，将涉嫌"划圈圈、定框框"的条件设置一律取消。通过科学合理地设置竞聘条件，将更多符合条件的人员纳入单位党组织选人用人视野，进一步激活了广大干部职工的工作热情和参与竞争的积极性。

（3）着力完善考评方式，确保公正评价竞聘对象。公开竞聘考试的命题、阅卷环节关注度高，也容易引起争议，为避免单位内部出题造成泄题、漏题等情况，此次笔试命题、阅卷和面试命题均委托第三方专业机构进行，并严格遵守保密纪律。在民主测评环节，细致谋划，周密部署，为各单位规范性操作提供具体指导。测评现场及测评成绩的计算由纪检监察部门全过程参与监督，全力确保测评结果的公正性。考虑到笔试、面试和民主测评是对竞聘者的德才表现进行综合考评的三个考核项目，这三个考核项目分数的构成比例是否科学合理，每项内容怎样量化、细化，才能真正科学准确地测评竞聘者综合素质，直接关系到最后的竞聘结果。此次竞聘参照公务员遴选，确定笔试、面试和民主测评在总成绩中的占比分别为 40％、40％和 20％，充分肯定竞聘人员的基本知识储备和现场发挥能力，而民主测评环节主要测试竞聘人员的群众公认度，其对总成绩的参考程度有限，以此尽量避免人情因素影响测评分数，确保最终成绩客观有效。

四、结语

由于是初次尝试开展公开竞聘，工作中也发现一些问题和不足：一是部分单位工作统筹不够，虽然提前知晓局党组要开展此项工作，但工作前瞻性不够，没有为此次公开竞聘留足副科岗位；二是个别单位思想不够解放，存在"本单位的岗"留给"本单位的人"的保守倾向，表现在设置岗位时，特别是复核报名人员资格条件时，要求证明材料苛刻，导致年轻干部报考意愿不足，未能开考；三是动员本单位符合条件的年轻干部报考不够积极，致使公开竞聘效果打折扣。针对上述问题，需要给予相关单位工作提醒，同时，也需要在下次公开竞聘时做好有针对性的动员工作。

公开竞聘虽已完成，6 名跨单位任职的科级干部也已走马上任，但是后续还有一些工作需要总结归纳，调研组将持续关注。针对出现的问题及时研究解决策略，逐步积累经验，形成公开竞聘工作的制度化、规范化实践指南，畅通干部交流的通道。与此同时，也需再次审视和正确处理民主推荐和竞聘上岗的关系，在坚持干部任免条例规定的基础上，对一些不宜搞竞争的岗位仍要采取"伯乐相马"的方法，不能为了竞争而竞争，即由单位党组织按有关程序和规定选拔任用，形成各类方法互相配合、相互促进、取长补短多渠道选拔的良好局面，切实提高各单位选人用人质量，为天津市水务事业高质量发展提供坚实的人才保障。

聚焦四川水利事业高质量发展，建设高素质专业化优秀年轻干部队伍

主要完成人：牟春

所在单位：四川省水利厅

全面建设社会主义现代化国家，全面推进中华民族伟大复兴，关键在党，关键在人。习近平总书记强调："要建设一支忠实贯彻新时代中国特色社会主义思想、符合新时期好干部标准、忠诚干净担当、数量充足、充满活力的高素质专业化年轻干部队伍。"水利干部队伍是水利事业发展的基础和保障，必须抓好后继有人这个根本大计，加强年轻干部队伍建设，优化健全培养选拔优秀年轻干部常态化工作机制，为四川水利高质量发展提供坚实的组织保障和人才保障。

一、加强年轻干部队伍建设的必要性

加强行业能力建设是增强行业整体实力的必由之路，只有抓好高素质、专业化优秀年轻干部队伍建设工作，才能保证水利事业后继有人，更好地服务于水利事业的可持续发展。

（一）加强年轻干部队伍建设是推动水利高质量发展的内在要求

水利高质量发展是新时代水利工作的重要主题，在新时代背景下，水利事业发展面临着许多新情况、新问题、新挑战，如水资源短缺、水生态损害、水环境污染等。应对这些矛盾和挑战，需要摒弃过去的陈旧观念，摒弃一些传统的思维、方法和效果评价机制，以质量和效益为导向，用创新的方式来推动发展，通过体制创新、机制创新、思路创新、

模式创新、技术创新等，解决一些老办法解决不了的突出问题，这对水利干部的专业能力和综合素质提出了更高要求。年轻干部具有较强的创新能力并更具活力，具备扎实的专业知识和宽阔的视野，学习能力强，能够迅速掌握新技术、新知识，运用新思想、新技术和新方法来解决水利工作中遇到的问题，推动水利事业的创新发展。同时，加强水利年轻干部队伍建设，有利于优化水利干部队伍的年龄结构、知识结构和专业结构，为水利事业的发展提供有力的人才保障。

（二）加强年轻干部队伍建设是服务水利新质生产力发展的必要举措

水利新质生产力涵盖水资源管理利用和保护全方位，水利工程规划设计、施工建设、运维管理全过程，水文、水生态、水安全以及水利改革各领域，新理念、新工艺、新材料、新技术、新方法、新装备、新流程等多方面，是以水利科技创新为主导的高科技生产力。水利新质生产力要求全方位提高水利行业从业者素质，打造水利"新质干部"队伍。年轻干部是新时代水利事业的"生力军""接班人"，对水利新质生产力的发展起着重要作用，在新的赛道上，需要紧盯科技高精尖和基层关键领域需求，加强人才的引进和培养，更好地服务于水利事业高质量发展。

（三）加强年轻干部队伍建设是四川水利高质量发展的现实需求

当前，水利形势发生深刻变化，对干部队伍建设也提出了新的要求。党中央、国务院密集部署经济建设工作，把超长周期和超大项目推进作为重点，把水利基础设施建设作为扩内需、促投资、稳就业的重要支撑，水利建设任务更重、要求更高。四川省委、省政府高规格出台政策文件支撑，全力推动水利事业加快发展，四川水利进入百年难遇的窗口期，抢抓国家水网建设重大机遇，构建全省"一主四片"水生产力布局，以重大水利工程建设为"牛鼻子"，以水权水价改革为"动力源"，全面掀起大兴水利、大办水利、办大水利的新高潮。"十四五"期间，四川省加快推进现代水网规划建设，亭子口灌区、向家坝灌区北总干渠一期二步工程等重大水利工程相继开工，引大济岷、长征渠等世纪工程即将上马，新时代县域城乡水务一体化、水权水价改革、大型灌区高质量发展、水生态保护治理、水文基础和水资源刚性管理等工作全面推进，水利法治工作、筑牢水旱灾害防御和蓄水保供底线要求更高，这些新形势新任务也都对干部队伍建设提出了新的要求，迫切需要建设一支政治坚定、数量充足、能力突出、敢于担当、清正廉洁的高素质、专业化优秀年轻干部队伍。

二、年轻干部队伍建设存在的问题

近年来，四川省水利厅党组认真践行新时代党的建设总要求和新时代党的组织路线，高度重视年轻干部的培养选拔和成长成才，厅直单位全覆盖建立人才引进规划，出台《四川省水利厅干部人才队伍建设"五个一工程"实施方案》《四川省水利系统推进水利基层人才队伍提升"十项行动"实施方案》《四川省水利厅解决基层和偏远地区人才短缺和留不住问题六条意见》，开展"百名硕博进水利""薪火计划"优秀年轻干部专项培训等行动，通过系列举措，实现厅系统硕博人才量质齐升，干部队伍活力焕发，基层人才困境得到有效缓解，取得了较好成效，但与新时代水利发展还有不相适应的地方。

（一）年轻干部总量不足

四川水利系统在职职工 25900 余人，35 岁及以下占比为 25％，36～40 岁占比为 12％，41～45 岁占比为 15％，46 岁及以上占比约为 48％，职工年龄整体偏大，整体上干部人才队伍配置还没有形成老中青合理梯次，特别是一些基层单位，干部队伍结构性矛盾比较突出，即将退休人员较多，断层风险较大，不利于水利事业持续有序发展。

（二）基层引进年轻干部难、易流失

虽然近年来四川水利系统加大引才力度，通过公开考录、遴选等方式，引进了一批年轻干部，但基层年轻干部引才难、易流失的现象仍然比较突出。近 5 年来，仅厅直属水文系统和水管单位，基层和偏远地区

单位人才流失人数就达 144 人，流失人员中本科以上学历 125 人，专业技术 109 人，基本上都是单位的紧缺、骨干人才。

（三）年轻专业技术人才缺乏

全省水利系统专业技术人才中，取得中高级职称的年轻人数量较少，其中，取得高级职称的人才中，40 岁以下占比约为 17％；取得中级职称的人才中，40 岁以下占比约为 40％。仅有 1 名年轻干部被选拔为水利部青年技术人才。水利行业年轻专业技术人才"不够用、不适用"问题较为突出，懂专业、会管理的专业技术人才队伍建设依然是"短板"。能够创造新质生产力的战略型人才和能够熟练掌握新质生产力的应用型人才缺乏。

（四）年轻干部培养还未形成"选育管用"良性互动的科学机制

在一些基层单位，"唯资历""能上不能下"的观念和情况仍然存在，针对年轻干部的遴选培养机制不够健全，后备人才的培养缺乏体制机制保障，干部轮岗、挂职、竞争上岗等力度不足，培养锻炼年轻干部的平台搭建不够。

三、建设高素质专业化年轻干部队伍的对策思考

高素质专业化年轻干部队伍的建设不是一蹴而就的，针对四川水利年轻干部队伍建设问题，聚焦"引、留、培"，持续优化健全培养选拔优秀年轻干部常态化工作机制，加强年轻干部人才队伍的储备、培养和使用，形成青蓝相继、薪火相传的生动局面。

（一）持续完善"1216"制度体系，增强引才的针对性

紧紧围绕新时期四川水利高质量发展和四川水利改革发展对干部队伍建设的现实需求，持续优化"1216"干部人才队伍建设制度体系（"1"即厅系统一整套干部人才队伍建设规划；"2"即"五个一工程""十项行动"两个干部人才队伍建设实施方案；"1"即一个月"薪火计划"优秀

年轻干部专项培训班；"6"即基层留才"六条措施"），进一步抓好细化落实。结合四川水利从传统水利向现代经济水利、社会水利、生态水利和要素水利转变的现实需求，进一步优化人才队伍建设规划。充分利用各种引才渠道，持续加强优秀年轻人才引进，注重学历、职称、性别、年龄等结构调节，建立科学合理的人才梯队。以"百名硕博进水利"为引领，优化人才源头，加大对高端技术型人才和科技创新领军人才的引进力度，打造水利"新质人才"队伍，力争在各类"拔尖"人才上取得新的突破。因地制宜设置基层站所引才政策，积极探索开展"订单式"定向带编招录培养，加强基层和偏远地区人才引进力度。实施四川水利优秀基层人才"水源计划"，将在基层服务满 5 年及以上的优秀人才纳入四川水利优秀基层人才"水源计划"人才库，水利厅每年提供一定职位，对"水源计划"优秀人才进行选调，或推荐到相关市州水利部门，鼓励人才在基层建功立业。

（二）健全激励保障机制，让优秀人才引得来留得住

进一步完善人才激励政策，落实事业单位岗位绩效工资制度，不断完善绩效分配、项目管理、目标考核等相关制度机制。探索对高层次人才实行年薪制、协议工资制和项目工资制等灵活多样的分配形式。落实事业单位科研人员创新创业等相关政策，进一步完善科研人才薪酬政策，绩效工资向科研一线人员倾斜。加强表彰奖励、学习培训、职称评审、提拔晋升等精神激励，打破论资排辈，注重能力和业绩导向。强化职称评定政策引导，积极引导技术人才在基层和偏远地区干事创业。加强对基层和偏远地区人才的关心关爱力度。建立厅系统各单位领导班子对基层和偏远地区职工关心关爱谈心谈话全覆盖机制。落实艰苦边远地区津贴，建立厅系统基层站点专项绩效制度。改善基层和偏远地区工作条件，优化基层管理机构设置，提升水利信息化水平。强化职称评定政策引导，积极引导技术人才在基层和偏远地区干事创业，留住一批心系基层的优秀年轻干部。

（三）优化成长空间和平台，在实践中锻造过硬队伍

结合水利事业发展和年轻干部成长需要，搭建干事创业平台，提供施展才华和发挥作用的舞台，为各类人才创新创业营造良好的环境。以重大水利工程为依托，打破单位壁垒，统筹整合厅系统科技人才资源，按需联合组建工程技术难题攻坚团队、大师（专家）工作站、博士后科研流动（工作）站、博士后创新实践基地等创新团队，攻破水利工程建设新难题，创新水利工程建设新技术和推广水利工程建设新工艺，以新质生产力赋能水利工程建设，以项目促进人才的进步与成长。夯实技能人才培养基础条件，持续开展"筑坝行动"和"造匠行动"，抓好四川省水利行业技能大师工作室创建和四川省水利人才培养基地建设，深入推广"师带徒"培养机制，选派新进和优秀年轻干部到基地接受实践锻炼，提升年轻干部素质能力。通过"机关—基层"双向挂职锻炼、川渝互派交流、三州及攀枝花安宁河流域水资源配置工程巡回帮扶等方式，加强对年轻干部的实践锻炼，锤炼干事创业过硬本领。

（四）扩大选人用人视野，大力培养选拔优秀年轻干部

完善日常发现机制，扩大选人视野，注重在水利工程建设、乡村振兴、水旱灾害防御等基层一线考察识别年轻干部，有计划、有步骤地对年轻干部进行战略性储备，把好苗子选出来，做大做活年轻干部队伍"蓄水池"。坚持干什么学什么、缺什么补什么，分层级、分领域精准开展专业培训，将"潜力股"和重点培养对象纳入"薪火计划"优秀年轻干部专项培训，以"干训基地＋高等院校＋基层一线"模式，进行为期一个月的脱产专项培训。同时，选送优秀年轻干部到省相关部门举办的中青班、递进班等学习，加强培养，不断提高年轻干部的专业素养和专业水平。按照"重在培养、择优选用"的原则，根据职位空缺、事业需要、年轻干部自身素质和能力特点，有计划地选拔一批年轻干部到关键岗位锻炼。突出政治标准，明确"敢想敢干敢成、善想善干善成"用人导向，大力选拔想干事、能干事、干成事的年轻干部，形成优秀年轻干部不断涌现的生动局面。

大型建筑央企以"1+3+100"立体挂职为核心的年轻干部培养体系建设

主要完成人：何萍　宋海龙　熊君　贺洋　肖孝武

所在单位：中铁五局集团有限公司

为响应国家培养用好年轻干部、满足施工企业新发展以及年轻干部自身发展需要，人才队伍建设必须树立长远发展战略，中铁五局集团有限公司（以下简称"中铁五局"）开展了以"1+3+100"立体挂职为核心的年轻干部培养体系建设。"1"是指以一年为挂职周期；"3"是指选择示范单位（部门）、重难点项目、专业特色企业三种类型挂职单位；"100"是指每年重点培养 100 名优秀年轻干部。挂职干部主要包括基层工作经验不足、年龄在 40 岁以下的机关年轻干部；子分公司班子副职中缺少机关工作经验，大局把控能力不足或重难点、大项目管理经验不足，年龄在 40 岁以下的年轻干部；重点院校科班出身、工程技术及相近专业、在现职岗位表现优异，有培养前途，年龄不超过 35 岁的年轻技术干部等。截至 2023 年年底，中铁五局通过挂职锻炼共计培养了 450 余名挂职干部。

一、建设背景

（一）是贯彻落实国家培养用好年轻干部的需要

2018 年 6 月 29 日，中共中央政治局会议审议并通过了《关于适应新时代要求大力发现培养选拔优秀年轻干部的意见》，坚持把发现培养选拔优秀年轻干部工作摆在重要位置。2022 年 10 月，习近平总书记在党的二十大报告中再次强调，要"抓好后继有人这个根本大计，健全培养选拔优秀年轻干部常态化工作机制"。这需要我们立足长远、统筹协调，建设一支忠实贯彻习近平新时代中国特色社会主义思想、符合新时期好干部标准和国有企业领导人员"20字"（对党忠诚、勇于创新、治企有方、兴企有为、清正廉洁）标准、忠诚干净担当的高素质专业化年轻干部队伍。

（二）是国家大型建筑施工企业新发展的需要

中央经济工作会议提出"适度超前开展基础设施投资"，建筑市场已经逐步形成传统与新兴交织，多元化和专业化共存的发展特征。近年来，中铁五局虽然在做强做优做大企业方面进行了积极努力，但面临市场形势的不断变化，企业的发展质量、行业地位、领军优势方面都面临很大挑战。究其根本就在于人才资源不够强大、人才引领的优势不够突出。年轻干部以"1+3+100"立体挂职为核心的培养体系建设，是促进企业转型升级和适应建筑业产业发展趋势的重要途径，是建筑施工企业培养优秀年轻干部、提升核心竞争力、增强可持续发展能力的内在要求。

（三）是促进优秀年轻干部自身发展的需要

中铁五局以深化人才发展体制机制改革、创新人才培养模式为动力，积极推动年轻干部队伍建设。目前，年轻干部作为培养的主要人群存在以下特点：一是毕业生实践能力普遍不强。每年招聘的高校毕业生中，有相关岗位实习经历的寥寥无几，对岗位的适应期普遍较长。二是专业技术人员总体年龄偏大，40岁以下专业技术人员占比低于中国铁路工程集团有限公司平均水平。三是机关年轻干部缺乏基层经验。机关相当一批年轻干部虽然知识结构良好、擅长于宏观管理和政策制定，但基层工作经历少，对实际情况了解不深。四是基层干部缺乏宏观视野。有些基层干部长期在一线项目工作，善于处理具体问题，但是大局观不强，思考问题站位不高，容易一叶障目。怎样快速解决以上问题成为年轻干部培养的重中之重。

二、主要做法

（一）落实管理责任，把好"组织关"

做好挂职锻炼工作，必须要有科学合理、行之有效的管理体系，明确相关部门和单位的职责，各司其职、分工协作，对挂职干部跟踪管理、全程管理，确保管理工作制度化、科学化。中铁五局制定并实施了《中铁五局集团有限公司优秀年轻干部挂职锻炼工作管理办法》，建立了以局为主导、各所属单位配合的挂职锻炼工作体系。

1. 强化派出单位的责任

派出单位明确挂职干部的交流目的、工作任务并提出工作要求，使挂职干部带着任务奔赴接收单位。在挂职干部到达接收单位后，派出单位继续关心、支持挂职干部的工作，注意了解选派的挂职干部在挂职单位的现实表现，主动征求所在单位的意见，及时同挂职干部谈心交流，提出要求，协助解决实际问题。

2. 强化接收单位的责任

接收单位负责挂职干部的培养教育工作。根据挂职干部本身特点、特长及培养方向，安排合适的岗位大胆使用，为挂职干部学习锻炼提供条件。对挂职干部进行监督和管理，每季度听取一次挂职干部工作汇报和思想汇报，及时与派出单位沟通情况，帮助解决挂职干部的困难。

3. 强化人力资源部门的责任

人力资源部门是挂职锻炼工作的牵头部门，负责对挂职干部进行宏观管理，安排专人跟踪了解挂职干部的思想、工作情况，协调解决选派工作中的普遍性问题，发现和掌握一批优秀年轻干部。挂职期满后，组织进行民主评议及总结鉴定工作。

（二）严格筛选标准，把好"资格关"

1. 严选挂职干部

秉持"德才兼备，以德为先"的原则，结合年龄、意志品质、专业特长、心理素质等多方面因素，选拔综合素质高的人员参与挂职，重点选拔有培养潜质的年轻业务骨干，杜绝拼凑人头、糊弄任务、完成指标现象的发生。如2022—2023年，中铁五局人力资源部在全局所有子公司范围内选拔了包含工程技术、商务管理、财务管理、安全质量、施工生产等13个业务系统的57名优秀年轻干部到局本部、区域指挥部、子公司本部和重难点项目挂职。57人均为各系统、各单位的优秀年轻干部。

2. **理选挂职单位**

结合企业发展与人才队伍建设需要，科学合理选择挂职单位。选择管理优秀、技术领先的单位或部门，为挂职干部提供学习先进做法、借鉴管理经验的平台，比如综合实力较强的中铁五局一公司、局机关优秀部门等；选择具有典型性、代表性的重难点项目，为挂职干部提供锻炼磨砺、积累阅历的平台，比如国家重大工程高原铁路、施工组织特别复杂的西安地铁项目等；选择有专业特色、管理特点的单位，为挂职干部提供增长见识、开阔眼界的平台，比如专业化的中铁五局集团电务城通工程有限责任公司等。

3. **优选挂职导师**

中铁五局挂职锻炼施行"双导师制"：给挂职干部配备一名工作导师，负责挂职干部挂职期间的技术指导、业务学习；给挂职干部配备一名生活导师，帮助解决生活上出现的各种困难。导师的选择由中铁五局人力资源部会商挂职单位确定，导师必须是相应岗位的优秀代表，拥有良好的个人品德和过硬的技术能力。如深圳地铁项目，选派一名博士作为导师，该博士充分发挥理论功底深厚、专业技术扎实的优势，除了日常导师工作外，定期带领挂职干部开展技术交流、岗位轮换，较好地帮助挂职干部成长。

（三）围绕中心工作，把好"方向关"

中铁五局改革发展始终围绕经营开发和项目管理两项中心工作，挂职锻炼坚持围绕中心、服务大局，主要紧扣两大中心开展。

1. **围绕经营开发培养人才**

经营是龙头，是企业发展的源头活水。2021年，中铁五局制定了

《关于经营人员导师带徒工作的实施意见》，开始以导师带徒方式，选派经营干部进行挂职锻炼。先后两批，从 200 多名报名人员中优选了 98 名年轻干部到中铁五局经营开发部、投资运营事业部、各区域指挥部以及一线经营分公司挂职，真正挑重担、啃硬骨、闯险滩，为增强全局经营力量、进一步加强经营队伍建设发挥了积极作用。

2. 围绕项目管理锻炼人才

工程施工是中铁五局的主责主业，工程技术和项目管理人才也是中铁五局人才队伍中比例最高、需求最大的部分。挂职锻炼中超过 70％的人员均为工程技术和项目管理人员，主要选派到西安地铁 6 号线、深圳地铁 14 号线、高原铁路、渝昆铁路、广绵高速公路等重大、难点、高风险、典型性项目，通过到不同版块、不同难度、不同技术的项目中全方位学习锻炼，帮助年轻技术干部开阔眼界，积累管理经验，提升技术水平，为全局专业技术和项目管理人才队伍建设添砖加瓦。

（四）注重过程管理，把好"培养关"

1. 加强专业培养

接收单位着力为挂职干部打造良好平台和工作环境，使挂职干部全身心投入到工作中去。一是做好岗位安排。接收单位在仔细考察挂职干部能力、特长、专业、方向后，放心大胆使用挂职干部，打破职位安排的顾虑和权力分配的禁区，让挂职干部"早挑担子、多挑担子、挑重担子"，仔细落实好每一位挂职干部的职位职务以及承担的职责，有权才有责，有责才有为，为挂职干部搭造展示能力的宽广舞台。二是加强业务交流。挂职单位定期开展业务交流，整合资源优势，开展主题业务培训，每月组织开展一次座谈会，听取挂职干部工作及思想汇报，结合挂职干部具体工作岗位和内容，有针对性地指导。如中铁五局深圳地铁指挥部每周组织挂职干部进行项目的重难点分析研讨，各挂职干部根据近期工作提出疑问，导师们做出详细解答，挂职干部之间、挂职干部与导师之间相互讨论，学习氛围热烈浓重，积极调动了挂职干部的工作兴趣和学习动力。

2. 重视综合考核

一是建立挂职干部"月报告、季调度、半年专项考核、年底总评"

制度，建立长期关注、全面考察的持续培养锻炼机制，加大跟踪问效力度。人力资源部门建立了年轻干部成长档案，对各方面条件比较成熟的优秀年轻干部，及时提拔使用，以确保培育工作不断取得实效，推进干部队伍结构的动态优化。二是绩效考核采用定期考核与不定期考核相结合的方式，加强日常监督监控，将平时的考核结果与年度考核结果结合起来，并且采用多种考核方法，减少单一方法造成的误差。派出单位和接收单位联合制定挂职锻炼工作鉴定书，考核期间，挂职干部按照鉴定书上的内容从工作情况、工作业绩、工作能力、工作态度方面进行自我评价。考核部门主管通过面谈的形式，结合其他考核主体的考评意见，对挂职干部进行评价和审核。三是通过考核反馈，及时解决挂职锻炼工作中存在的问题，严肃惩处违纪违法行为，使挂职锻炼这项工作沿着健康、正确的方向发展。不仅将挂职锻炼的考核结果作为日后职务升降的主要依据，也将其视为挂职干部回到原岗位后工资调整、奖金核发与培训资格的重要依据。

3. 做好日常保障

一是建立定期沟通交流机制。中铁五局人力资源部不定期与挂职干部、挂职项目及接收单位联系，了解挂职干部的挂职表现和有关诉求，针对双方反馈的内容，及时制定解决方案并协调双方关系。二是建立组织保障机制，健全监督与管理制度。中铁五局将挂职干部薪酬、日常报销、福利等内容写进管理办法，统筹制定管理方案，随时接受信息反馈，及时解决、协调挂职锻炼期间出现的各种问题，保障干部挂职锻炼的有效性。2021年年初，人力资源部通过日常沟通了解到，个别项目挂职干部假日福利未同等发放，遂及时与项目相关部门联系处理，使问题在第一时间得到解决，保障了挂职干部的权益。

三、建设效果

（一）推动了企业人才队伍年轻化

按照中铁五局"十三五""十四五"人才规划内容，以挂职锻炼的方式加强年轻干部培养，实施分层分类构建，通过理论训练、实践锤炼，各类人才竞相迸发，人才聚集效应初步显现。"十三五"期间，一批 80 后优秀年轻干部陆续走上领导岗位，不断为班子建设注入新鲜血液，40 岁以下年轻干部比例提高了 5 个百分点；坚持"经营出精英、精英抓经营"的人才培养思路，打造了一支适应经营新形势、市场敏锐性强、经营能力突出的职业经营人才队伍，培养锻炼了一支能吃苦、善攻坚、专业技术扎实、作风过硬的工程技术专业人才队伍，人才结构持续优化。

（二）提高了重点项目经济效益

2019—2023 年，中铁五局结合局重难点项目，通过报名，从全局选派 260 余名优秀年轻技术干部到银西铁路、成贵铁路、深圳地铁、高原铁路等各重难点项目进行挂职锻炼。如西安地铁 6 号线侧坡车辆段项目是西安市首座以公共交通为导向的开发（transit - oriented development, TOD）模式上盖开发车辆段，该项目体量大、工期紧，8 个月需完成 18 亿元产值。为加快施工生产进度，强化现场技术管理，并依托项目培养锻炼一批青年技术人才，中铁五局从毕业院校、所学专业、年龄、品格、工作表现等方面进行层层筛选，最终挑选出 11 名年轻技术干部到项目任职，为该项目快速有序推进贡献了力量。挂职干部的技术能力得到了较大的提升，提高了挂职单位的技术力量及解决困难的能力，也增加了派出单位优秀技术人员的储备。

（三）实现了年轻干部自我提升

2019—2023 年，中铁五局共计锻炼培养了 340 余名挂职干部，其中 160 余名得到提拔重用。2014—2023 年，中铁五局推荐了 3 名副处级干部，到郴州市汝城县挂任副县长，6 名正科级干部任外沙村、交圭村、台辰村等村驻村第一书记。2020—2023 年，选派了博士生 5 名，到局重难点项目挂任重要职务，充分结合所选派干部的专业特长、知识结构及主要经历等，科学安排，同时挂职单位结合工作需要，合理安排岗位及分工，明确岗位职责。在挂职过程中，充分发挥挂职干部在项目施工技术、经营开发工作中的优势，做好对外交流、技术指导等专业化工作，让他们有职有权地开展工作、施展才华。

通过"1+3+100"立体挂职锻炼计划，中铁五局创建了优秀年轻干部培养的多元化平台，塑造了优秀年轻干部的全面化形象，形成了优秀年轻干部成长成才的循环机制，营造了优秀年轻干部积极参与挂职锻炼的浓厚氛围。这一计划使人才队伍建设的内容更加丰富，大量优秀年轻干部快速成长，受到了挂职干部和挂职单位的一致好评，为企业更好更优发展发挥了积极作用。

新时代人才管理的概念、挑战和应对策略：基于能力-动机-机会理论框架的分析

主要完成人：孙平国

所在单位：中国水利学会人力资源和社会保障专业委员会

一、引言

人才管理对于经济和社会的发展具有重要作用。国家的战略科技创新离不开人才，民生福祉的改善同样需要人才的贡献。党的二十大报告中明确提出"人才是第一资源"，要求"深入实施人才强国战略"，这在更实起点、更高站位、更大目标上对人才强国作出顶层设计，为加快建设人才强国锚定了新坐标、树立了新标杆、描绘了新愿景，进一步凸显了人才事业和人才工作在党和国家工作全局中的分量之重。

习近平总书记于 2021 年 9 月 27 日在中央人才工作会议上指出："综合国力竞争说到底是人才竞争。人才是衡量一个国家综合国力的重要指标。"人才管理被认为是组织的人力资源管理中非常关键的部分，并具有高度的战略性意义，是当前各个组织所面临的最主要挑战之一。同时，人才管理也被认为是组织可持续竞争优势的重要来源。在新时代下，我国的人才管理实践正蓬勃发展，相关的人才管理研究也日渐兴起。

从总体上看，现有的研究与实践仍存在一些重要问题亟待解决。第一，对人才管理概念的理解不够清晰透彻；第二，对人才管理所面临的挑战认识不够全面；第三，对上述挑战的应对路径和策略缺乏恰当的思路与方法。为了更好地实现人才强国战略目标，有必要梳理并把握人才管理的内涵和特征，进一步从更高、更全面的视角构建起面向未来发展、

实现战略目标的综合理论框架，分析新时代人才管理面临的问题，提出相应的策略支持与实现路径。

因此，本文在梳理国内外有关人才管理研究的基础上，结合中国式现代化的具体实践，进一步明确人才管理的内涵与特征。在此基础上，本文引入战略人力资源管理领域的能力-动机-机会理论模型作为分析框架，力图从更整体、更全面的视角分析现阶段组织人才管理所面临的挑战，以及相应的应对策略与实现路径。

本文的贡献在于为人才管理领域的研究提供了一定的理论依据和统合性的分析框架，并对组织的人才管理实践以及相关公共部门的政策制定提供了一定的参考和借鉴。

二、人才管理的内涵和特征

理解并进行人才管理，首先需要明确什么是人才。梳理现有研究发现，学者们对于人才的定义进行了丰富的阐述。总体而言，人才往往具有较高水平或较为全面的专业知识、能力等，显示出较高的专业素质。同时，人才管理视域下的人才常常与特定组织、特定岗位的需要相联系。例如，一些学者认为人才是指那些在当前阶段或者将来有潜力在战略性岗位上对组织作出贡献的人。还有学者指出，人才往往是那些在关键岗位上表现最佳的员工。另外，近些年来，越来越多的学者在界定人才时强调结果导向或以预期结果为导向，把创造力和创新作为衡量人才的依据，认为人才是指那些作出或可能作出突出、重要成果与贡献的员工。例如，有的学者提到，人才是指那些在组织的人力资源中具有较高素质和专业知识、技能，且能够运用自己的专业知识和技能等进行创造性劳动，为团队、组织或国家作出贡献的人。与此类似，也有学者将人才定义为那些在专业知识领域内具有较高、较深的造诣，且具有创造性思维和从事创新活动，能够突破原有理论和方法、产出创造性成果而为组织和社会的发展和进步作出贡献的主体。

人才管理则是对具有上述特征的员工进行管理。本文认为，人才管理是一个广义的概念，即有计划地、系统地吸引、识别、开发、部署、使用、评价、激励和留住那些对组织战略、可持续的成功具有特殊价值的人才的活动和过程。其中，战略导向是人才管理区别于一般意义上功能型人力资源管理的关键特征，人才管理的目标是使组织因为关键岗位上人才的贡献而在战略上获得竞争优势。对于组织而言，人才管理的目标就是让组织获取、使用和保护人才这类独特的战略资源。这也要求组织清楚地了解自己的战略和与之密切联系的关键岗位的需要和情况，以及能够胜任岗位的人员的知识、能力等。因此，人才管理和人力资源管理既有联系，又有区别，两者不能简单等同。人才管理是从整体的战略层面上对组织的人力资本的认识、计划、获取、开发和保持，尤其是对关键岗位人员的管理，这些人能够或有潜力在很大程度上影响组织的战略方向、取得战略竞争优势，并且帮助组织实现战略目标。

三、人才管理的研究现状和反思

目前关于人才管理的讨论比较零散，关注的焦点也各不相同。一些研究着重讨论了人才的培养模块，例如研究了科技创新人才培养的路径和模式，实证分析探究了发展培养和待遇保障这两类人才政策对人才管理效果的影响，等等。也有一些学者将注意力集中在人才评价与考核方面。例如有的学者指出，人才的甄别和评价是战略人力资源管理的关键任务之一，另有学者对科技创新人才评价模型进行了研究，等等。还有部分学者对人才流动现象进行了研究，例如从社会网络的角度对组织间人才流动的影响因素、过程机制和结果进行了分析，研究了人才流动和经济高质量发展之间的影响关系，等等。

另外，一些学者聚焦特定行业领域中的人才状况。例如有的学者就乡村振兴战略实施过程中可能遇到的人才瓶颈问题进行了分析，关注了乡村振兴过程中人才的胜任力情况。人才管理需要考虑整体的外部环境变化情况，有的学者便从注意力视角出发，对政府有关科技人才的政策和战略的变迁逻辑进行了梳理，等等。

总体而言，现有的研究缺乏对人才管理的挑战和人才管理的优化，以及在理论层面上更整体、更综合的认识和分析。随着深入实施人才强国战略的逐步推进，有必要全面把握人才管理工作情况，引入具有一定统合性的理论框架，为复杂现象的理解和分析提供认知与逻辑起点。

四、能力-动机-机会理论框架下组织人才管理面临的挑战

为了解决上述问题，本文引入了战略人力资源管理研究领域的能力-动机-机会理论，作为分析新时代下人才管理的综合框架。战略人力资源管理的研究主要关注人力资源管理系统及其与组织系统中其他要素之间的关系。作为战略人力资源管理领域的重要支柱之一，该理论指出，员工的工作行为与工作绩效会受到能力、动机和机会三个维度的共同影响。其实，这三个维度是人力资源系统中相互联系、不可互换或替代的组成部分和参考指标，能够较为全面地囊括影响绩效和人力资本提升的不同因素。本文认为，这一理论分类可以帮助我们进一步认识和理解人才管理，剖析人才管理面临的挑战和问题，为解决新时代下人才管理面临的挑战提供应对思路和策略。

接下来，本文基于能力-动机-机会理论分析人才管理过程中面临的分别与能力、动机和机会相关的挑战。

（一）人才管理中与能力有关的挑战

能力被认为与个体的技能、效率、对环境的掌控、任务的完成以及工作目标的实现有着密切的联系。在组织中，员工的能力有时也称为胜任力。

如何准确把握并明确组织的存续和发展需要具备哪些能力的人才，是管理者与领导者面临的一个重要问题。如上文所述，对人才的管理需要反映和支持组织的战略，这就要求组织的管理者和领导者能够将组织的战略逻辑与人才管理逻辑结合起来，明确人才能力与战略目标细分之间的科学对应关系，将整个人才管理体系有机地融入组织战略整个体系当中。然而，许多组织机构对人才能力的要求与组织发展战略存在错配

和脱节的情况，或者并未将人才的能力和能力产生的贡献与组织的长、短期战略目标联系在一起。例如，为了在数字经济时代获得竞争优势，组织在战略上推行数字化转型，但在人才管理过程中却没有明确人才是否具备与数字化相关的教育背景、知识结构、能力经验，从而导致战略无法有效地推进和落地。

另外，当组织明确需要具备何种能力的人才后，如何有效地获取这些人才及其相应的能力也往往是组织的管理者和领导者面临的一大挑战。一些组织采用从外部引进人才的模式，但可能存在人才稀缺、人才市场竞争激烈的情况。同时，付出较高代价引进的人才也可能缺乏对组织的归属感，难以留住人才，也使组织不能长期稳定地吸收和沉淀具备关键能力的人才。当人才流失时，这些组织就很有可能遭受重创。另一些组织则采取内部培养的模式，即自己培养具有相应能力的人才。这些组织的人才管理所面临的主要问题在于，能力的培养往往时间长、见效慢，并且组织在很多时候缺乏传授关键能力的隐性知识和方法。此外，从长期来看，如何将人才的各项能力和知识真正沉淀到组织中，使其成为组织的整体能力和知识系统的一部分，也是当今人才管理面临的重大挑战。

在人才进入组织后，如何定期评价和考核人才的能力也是在新时代如何做好、做强人才管理的一个挑战。一些关键人才的能力及其工作岗位可能具有特殊性，无法用组织此前或现有的绩效考核和评价标准来准确衡量其贡献。而针对人才能力的评估和反馈机制很可能影响到人才在后续工作中的积极性和主动性，因为人才可能通过这些环节的体验来判断组织和领导者对自身能力和价值创造的尊重程度。

培养高层次、复合型人才的挑战常常被许多组织忽视。现如今，组织在变局之中实现可持续发展，越来越需要具有大局观和战略思维的人才来帮助其应对各种困难和关键情况。换言之，组织需要的战略人才既要"精""专"，又要具备综合能力，还要能够理解组织的整体战略方向与目标，并且可以灵活地运用自身的突出能力来应对外部环境的不稳定、不确定、复杂、模糊。

（二）人才管理中与动机有关的挑战

工作动机被认为是在工作中起到引导、激励和维持员工努力工作的一系列心理过程。不同于能力-动机-机会理论中能力所代表的有关"能做成某事"的逻辑，动机反映的是有关"为什么要做某事"以及"有意愿做某事"的逻辑。现阶段，众多组织的人才管理面临着人才有能力但没有意愿为组织充分贡献能力、创造价值的突出挑战。例如，大量的员工可能受过良好的教育，知识结构丰富，技能水平较高，但缺乏将这些知识、技能、经验运用到岗位工作中的动力，也没有将其投入到组织创新当中，导致人才在一些岗位上"磨洋工"，人才的价值并没有得到充分发挥，人力资本也没有得到充分开发。

造成这一现象的原因可能是：人才与岗位不匹配，一些人才受岗位资源、权力的制约，无法充分发挥其特长来为组织作出更多贡献；又或是人才认为组织把自己安排在了一个低于自己受过的教育、掌握的技能和拥有的经验水平的岗位上，感知到自身在组织中被"大材小用"，自己未得到应有的尊重和认可，即产生了资质过剩感，这种情况也会导致人才施展能力的动机不足；再者，在日常工作中，人才可能会被烦琐的事务和流程消耗大量的时间和精力，缺乏进行额外的创造性贡献的热情。另外，这一问题的出现也可能与人才管理中的激励和晋升机制有关，人才在工作中预期自己为组织投入时间和精力进行的创造性贡献不会获得符合其期待水平的结果，或是不能获得晋升，积极性必然大受打击。对于人才而言，他们的知识、技能、经验更丰富，往往对组织环境、工作任务和激励等的期待也更高、更为独特。

在新时代下，人才管理在动机方面面临的另一大挑战可能在于工作意义感的缺失。当工作的意义感缺失时，员工可能会失去工作目标和方向，也就缺乏高质量完成工作、为组织贡献以及创新的动力。与此紧密相关的还有人才的社会责任感、正确价值观，对此进行引导和管理，也是当前人才管理实践和研究中经常被忽视但同样非常重要的问题。

对组织的忠诚感和归属感通常被视为工作动力的源泉，人才管理工作面临着人才忠诚感和归属感不足或波动的挑战。当今劳动岗位专业化和分工深化的趋势日益明显，优秀人才在组织中可能将自己视为特殊或独特的存在，可能缺乏集体意识以及与其他人一起共同作为组织成员的身份感，员工缺乏为集体、为组织目标的实现而努力创造价值的动力。

（三）人才管理中与机会有关的挑战

机会代表了在工作环境中那些能促成个体行动的情境因素或机制，这些机会为个体提供了必要的支持，构建了能力发挥和动机助力的平台和条件。

在管理人才时，组织的管理者和领导者常常忽略了为优秀人才创设适合其施展能力和体现自我价值的机会。在传统的组织权力运行架构下，被管理的人才可能感觉自己在工作中缺乏自主性，认为由于机会的缺乏，自己付出再多的努力也无法取得卓越成绩。此外，优秀的人才往往是组织进行探索性创新的主要力量，而创造力发挥的过程通常伴随较大的不确定性和风险，期间可能会经历多次失败。很多时候，组织的资源环境、制度设计等却没有给予人才足够的试错空间，或者由于存在责任泛化、不清晰的情况，人才无法心无旁骛地充分完成探索和前沿研究工作，转而选择更为保守、稳妥的工作方式，倾向于维持现状。再者，人才管理在机会方面遇到的问题和挑战也反映在人才的激励与晋升机制方面，单一的人才职业发展路径和阶梯可能严重限制人才在更高、更广的平台上作出创造性贡献。

五、能力-动机-机会理论框架下的人才管理挑战应对策略与思路

针对上述挑战，本文进一步从能力-动机-机会理论框架出发，提出组织的管理者和领导者应该从增强能力、增强动机和增强机会三个方面的实践着手，以应对上述三方面的不同挑战，提升人才管理

的效益。

（一）增强对人才工作能力的战略关注、培养建设和评价考核

新时代下的人才管理应该更加注重认识、建设、评价和使用与组织战略方向相适应的人才的能力。

组织的管理者和领导者要积极提升自己的战略格局和前瞻能力，并认真做好整体战略的"分解"和"落地"，明确实现战略目标和竞争优势所需的能力，优化各类人才在各个关键领域和战略岗位上的布局和结构，做好人才规划、人才盘点和人才储备。

明确人才能力需求后，组织应该坚持外部引进和内部培养相结合的建设方向。在人才引进方面，组织的管理者和领导者应该在明确组织战略发展所需的关键能力、素质基础上，分析通过引进方式获取相关能力和知识的可行性、必要性以及成本效益情况，并制定好完善的人才吸引计划。同时，重视组织内部人才能力培养提升相关流程和体系的构建，努力激活组织内部人才能力建设的内在驱动力。无论是引进还是内部培养，都应注重将人才能力的获取与开发同组织的战略知识管理结合起来，充分利用现今的数字化平台和技术优势，开展教育和培训，总结和提炼与组织人才关键能力的识别、开发相关的知识和经验，并将其沉淀和转化到组织内部知识和能力体系当中。此外，组织还可以加强与高校等组织机构的合作与交流，拓宽人才培养渠道与关键能力获取和建设的渠道，吸收有关人才能力培育方面的知识和经验。在应对培养高层次、复合型人才的挑战方面，组织可以通过人才轮岗历练、开展人才交流等方式提升人才的综合素质和战略思维，这也响应了二十大报告中提到的有关加强战略人才力量的时代要求。

组织还应注重定期评估人才能力，既要具有可量化的考核标准，又要适应组织内部和外部环境的变化，及时进行动态调整，遵循人才成长和能力使用的规律，适当引入竞争机制，引导人才不断提升专业能力。人才考核和评价的内容也要与组织战略契合，使人才的创新价值和贡献能够得到充分体现。

（二）增强对人才工作动机的跟踪把握、积极引导和调整优化

增强动机视角下的人才管理强调时刻关注人才的思想和心理状态。具备正确动机的人才能坚持朝着正确的方向努力，为组织发展和社会进步创造独特价值。对此，组织的管理者和领导者应加强对人才队伍的思想政治教育，使人才真正做到德才兼备、以德为先，并在组织中起到引领和示范作用。对于组织来说，用活、用好各类人才需要调动起人才为组织和社会作贡献的积极性，这就要求组织在对人才进行培养和使用的过程中引导人才意识到并积极承担社会责任，在工作当中作出正确的价值判断，激发人才的亲社会动机。

组织的管理者和领导者也应该动态关注人才的人岗匹配情况，及时调整，使人才始终处在对组织战略而言合适、对人才自我实现而言愿意的岗位，让人才都能有"用武之地"。此外，在人才管理的过程中，管理者和领导者应该与人才建立畅通、和谐的交流沟通机制，一方面充分听取人才对自我成长和发展的诉求，以及其对工作流程、方式以及组织发展的意见和建议；另一方面为人才的努力和奉献提供及时的正反馈。

此外，领导者可以通过亲社会、关系导向的工作设计，使人才在工作奉献中体验到社会价值感与工作意义感。当个体意识到自己是社会贡献者、被他人需要和认可时，他们就会更有动力地付出和投入，并且更具有长期导向的发展意愿。组织还可以通过营造良好的合作氛围，使人才能够更好地融入组织内的社会环境。除了自上而下地进行工作设计之外，组织还可以引导和鼓励人才积极主动地重塑自己的工作，拓展自身工作的任务、关系、技能和认知的边界，使自己的工作具有更符合自身价值和目标追求的意义。

为了更大限度地激发人才干事创业的动机，组织还需要建立起灵活、科学的人才晋升和激励机制，例如设置差异化的晋升规则、缩短晋升的任职年限要求、不唯资历论等，并通过差异化的职业发展和成长路径设计，让人才在组织中"有盼头"。另外需要注意的是，设计的人才职业发展和成长路径中要包括历练和磨炼，工作当中适当的困难和挑战有助于

激发员工克服困难的勇气和掌握解决问题的能力，引导其充分发挥创造力，并通过战胜困难获得成就感。

（三）增强对人才工作机会的多样化提供并切实予以保障

增强机会视角下的人才管理强调组织的管理者和领导者除了关注人才的能力和意愿之外，还应从多方面为人才提供工作和成长的环境支持。组织需要优化人才服务工作，完善人才发展制度和政策体系，营造良好的人才成长环境，多元化地进行人才资源配置，并关注人才在成长和工作过程中应受的尊重、关心和支持。例如，组织可以打造优势人才平台，积极发挥平台的吸引、集聚和支撑作用，正如二十大报告中提到的，要促进人才链和组织的创新链、资金链等的深度融合。此外，组织也可以促进人才在组织中的合理流动，打破一些不必要的限制壁垒，为人才成长和交流提供多样化的机会。

组织的管理者和领导者还应该合理地向人才授权，赋予人才充分施展其潜能完成工作、突破创新的自主性。组织应当为人才提供探索和创新的机会，设计科学、合理的容错机制和试错空间，精准落实主体责任，消除人才在参与突破式创新过程中的"后顾之忧"。另外，可以采取平台型领导的方式，让管理者和人才一起建立和做大共同的事业平台，让组织中不同的人才和管理者都能在平台上共享资源，共同成长和提高。

六、研究结论与展望

（一）研究结论

本文在回顾国内外有关人才管理的研究成果、明确人才管理的内涵和特征的基础上，创造性地引入能力-动机-机会理论视角，对人才管理面临的挑战和应对策略进行了较为综合、系统的梳理和分析。以往的研究主要是从传统人力资源管理流程范式下的人员选拔、培训和开发、评价和考核、激励和绩效管理等视角出发探讨人才管理的问题，而本文引入了新的理论框架，有助于丰富对新时代下人才管理特殊性和重要性的认识和理解，并为有效应对人才管理中面临的挑战以及提升人才管理的水平提供了对策和建议。

（二）未来研究展望

本文认为，未来的研究可以选取具有代表性的组织人才管理实践进行单案例或多案例的研究，以探索、提炼和总结典型的、新涌现的人才管理模式和过程。此外，未来还可以开展问卷调查研究，分析人才管理过程中员工因素、领导者因素、工作特征因素、环境因素间的相互影响并预测其关系，充实人才管理领域的实证研究。

水规总院人才培养"传帮带"模式研究

主要完成人：王学敏　袁碧霖　陆丹婷　杨晓芳

张开元　邢西刚　刘思岍

所在单位：水利部水利水电规划设计总院

2022 年 3 月，水利水电规划设计总院（以下简称"水规总院"）组织召开两次选人用人工作专题座谈会，充分听取干部职工代表关于人才培养和人才评价工作的意见建议。其中，"传帮带"问题成为关注度较高的热点问题。干部职工多次提到，水规总院作为水利部重要技术支撑单位，人才队伍专业齐全，整体技术水平高，成果积累丰富，但是技术积累方式为传统的专家个人经验累积，技术传承方面存在欠缺，集中体现在技术经验多为专家个人经验，技术成果系统梳理和代代传承意识不足，"老专家"对青年业务人员的系统性技术指导不够。新人经验不足，需要资深专家和技术骨干以老带新、答疑解惑、传授经验，有针对性地开展"传帮带"，帮助青年技术人员快速成长，胜任工作岗位，同时可有效避免资深专家相继退休造成的技术资源流失、行业整体影响力和话语权下降等不良后果。

本文旨在通过研究"传帮带"机制的本质和内涵，结合工作需要和现有人员队伍结构，在深入调查和广泛调研的基础上，系统分析"传帮带"机制应用于水规总院这样的技术支撑单位的必要性和可行性，研究制定"传帮带"相关制度，提出科学合理的"传帮带"内容、形式及相应监督机制，营造业务工作以老带新的良好氛围，真正实现技术资源传承衔接的良性循环，为持续增强技术实力、提升内部管理水平和行业影响力提供有力的人才支撑。

一、"传帮带"的历史演变

"传帮带"的概念源于中国传统文化中的学徒制，早在先秦时期，拜师学艺就成为手工技艺传承的一种途径。"师徒相授"的典型授业方式，广泛应用于手工艺、艺术、中医传统技艺传授领域，使得我国许多民俗、民间艺术、工艺、技艺得以传承和发展，也是当下许多非物质文化遗产的主要传承方式。

随着生产力的发展，"传帮带"从学徒制逐渐扩展为导师制，也不再仅局限于技能的传授。由于我国以国有大型企业为主体，民营工厂、作坊等为补充，经济体制和组织结构相对固定和僵化，"传帮带"往往以非正式的方式存在，依赖于个人之间的关系和合作，缺乏制度化和标准化，导致传授存在不一致性和随意性，难以形成系统性的知识传递和培养机制。

市场经济发展中，企业开始面临激烈的市场竞争，逐渐意识到员工的知识技能和经验对发展创新和提升企业竞争力至关重要。然而传统的命令式管理已无法满足市场变化的需求，同时随着老一辈员工陆续退休，可持续发展和知识传承受到挑战。在国有企业改革中，为了提高管理水平和员工素质，寻求更有效的方法进行知识传递，进而满足人力资源保障需求，许多企业开始推行"传帮带"制度，"传帮带"进而演变成为一种组织管理和人才培养模式。

新时期市场经济全球化的背景也赋予"传帮带"新的解释。"传"除了传承组织文化、管理思想和优良传统外，还被赋予了传播和沟通的内涵；"帮"不仅是帮助，更强调指导，是在思想、理念及实践中的示范；"带"更突出师傅的带动、带领作用，促使徒弟的技能更符合企业的需要，同时忠诚度也更高。企业多倾向于从内部培养高层管理者，是因为内部员工自年轻时长期形成的忠诚意识和适配技能更有利于企业稳定发展。

二、"传帮带"的基本概念和内涵特征

（一）"传帮带"的基本概念

"传帮带"即为"传授""帮助""带领"三个概念的总称，多指前

辈对晚辈或老人对新人在工作、学习中传授文化知识、技术技能、经验经历等。"传帮带"既是方式和方法，更是氛围和风气，作为中国的一种传统技艺教授方式，其形式和效果也一直广受认同。在现代行业培训中，"传帮带"依然被认为是有效的人才培养途径，这里的"传"指传授、传承，进而扩展为传播和沟通；"帮"不仅是帮助、帮教，更强调指导和示范；"带"则指带领、带动。"传帮带"需要一种相互尊重理解、相互帮助支持的和谐人际关系，建立在认同、欣赏、互动、分享的理念之上。只有营造并形成良好的氛围，才能真正达到知识文化传承、人才培养的良好效果。

（二）"传帮带"的内涵特征

（1）传授技能和经验。"传帮带"最基本的意义在于传授技能和经验，通过资深专家或老员工的指导和帮助，年轻新手可以快速掌握专业知识和技能，从而提高自身能力水平。

（2）培养德行和品质。"传帮带"不仅仅是技能传承，也是一种品德教育。资深专家或老员工通过言传身教，教育引导年轻新手在工作、学习中树立正确的人生观和价值观。

（3）建立良好的师徒关系。"传帮带"过程中，师傅与徒弟之间会建立起一种特殊的关系，既是师徒关系，也是友情关系。这种关系可以促进双方的交流和学习，同时也是"传帮带"实践过程中非常重要的部分。

三、人才培养"传帮带"的社会实践

"传帮带"管理模式已在企业管理、教育、农村发展、医疗卫生等多领域的人才培养中得到应用，通过传授经验、分享技能等方式培养后继人才，促进人才队伍的优化升级和技能提升。在企业管理中，"传帮带"被应用于员工培训、职业生涯规划等方面，不仅是企业培养人才的方法，也是创建学习型组织和团队、锻造员工忠诚度、凝聚团队合力、培育传承企业文化的重要途径。在教育领域中，"传帮带"被广泛运用于导师制的教育模式中。导师制主要应用于研究生教育、实习生培训等领域，也是我国中小学班主任培养的常见方式。除此之外，其在高校科研、团队引领及大学生创新创业等方面也取得良好效果。在农村发展中，"传帮带"通过培训和指导等方式，帮助农民提高生产技能，改善收入水平和生活条件。在农村合作医疗和创业领域加强"传帮带"，可帮助农民显著提高健康意识和对合作医疗的信任度，增加创业成功率和创业收益。在医疗卫生中，"传帮带"对于培养经验丰富的医务人员、提升诊疗能力和处理疑难罕见病例的能力至关重要。通过"传帮带"，大型三甲医院对基层社区医院予以指导帮助，可提高社会整体医疗水平，逐步缓解三甲医院的诊疗压力。

四、"传帮带"在水利行业人才培养方面的应用现状

"传帮带"模式在水利行业特别是企事业单位中也得到一定应用，课题组对不同类型的单位进行了实地调研，充分了解"传帮带"制度建设、模式创新、运行管理等实践情况以及在人才培养中发挥的积极作用。

（一）组织开展"师带徒"活动

"师带徒"活动是水利设计单位较为成熟的"传帮带"模式，即组织具有较高专业技能和丰富实践经验的专家，以"一对一"或"一对多"的导师制传授方式，帮助指导青年技术人员特别是有发展潜力的青年骨干树立职业理想、提高业务能力和技术水平。师徒双方签订协议书，并明确考核评价内容和标准。规定培养期限，一般为1～2年，培养期间由导师根据徒弟的特点和需要制定培养方案，记录指导和培养活动。培养期内按标准为导师发放补贴，期满进行考核，考核优秀的导师和徒弟给予荣誉表彰或发放一次性奖励。"师带徒"活动还可分层级开展，不同层级的导师和学生条件有所区别，使"传帮带"培养更具有针对性。"师带徒"活动开展过程中，适时召开期中总结、座谈等，组织阶段性经验交流，及时发现问题，确保"师带徒"活动取得预期成效。

（二）加强人才团队建设

组建人才创新团队是水利科研单位常见的"传帮带"模式，以团

队为依托，充分发挥凝聚优势和"传帮带"作用。划分团队梯级，明确培养目标，如领军团队重点培养国家级学术带头人和具有国际水平的战略人才，拔尖团队重点培养行业业绩突出的中青年科技创新人才，青年团队重点培养新生后备人才等。团队组建周期一般为1～3年，团队与单位签订目标任务书，明确考核内容和指标。单位层面给予团队科研活动及人员所需的经费资助和保障，以最大限度地激励团队成员全身心投入研究工作。各梯级团队均可吸纳青年技术人员，团队负责人或骨干成员给予指导，切实取得"传帮带"的良好效果。同时鼓励团队成员参与所在部门科研任务，充分发挥人才团队辐射带动业务发展的积极作用。

（三）划分员工成长阶段

按照员工成长的一般规律，根据参加工作年限、技术水平、经验积累等对员工成长阶段进行划分，如大致划分为适应阶段、提升阶段、成熟阶段、发展阶段等。结合个人特点，对不同成长阶段的员工实施分级、滚动培养，如对适应阶段的新员工，由所在部门结合岗位、专业特点，指派成熟阶段及以上的员工进行指导；对提升阶段的员工，由部门行政或技术负责人、发展阶段员工等进行指导；对成熟阶段和发展阶段的员工，由单位高层次专家进行指导。员工培养效果的判定以年度考核或满意度调查等方式为主，内容包含部门建设、人才培养、考核分配等情况，重点关注员工培养计划制订、导师分配和履职、培养效果、学习氛围等。对员工培养效果满意度较高的部门进行表彰激励。

（四）现场实训与岗位交流

在新入职员工中选拔一定数量人员，特别是水利工程、地质等专业人员前往项目现场实地学习，期间增加专家现场授课、学员内部交流、自主分享、课程评估等内容，确保现场实训达到良好效果。同时还将现场工作经验与职称评定挂钩，要求职称认定必须具备的现场工作经验年限，以督促青年人员在项目实践中快速成长。岗位交流以部门内部和部门之间为主，根据员工诉求、部门人员结构和发展需要研究确定交流人选。员工在交流期间承担具体工作任务，参与交流岗位业务开展。岗位交流能够帮助年轻员工获得参与重点工程和重大项目的锻炼机会，全面提升综合素质和能力本领。

五、"传帮带"机制在实践中存在的主要问题

（一）缺乏明确可行的"传帮带"制度

部分水利企事业单位的"传帮带"仍停留在理念或文化层面，或仅以常规的对新进人员从事岗位工作内容的适应性培养为主，缺乏单位层面人才培养的整体"传帮带"机制和配套制度作为组织实施依据。导致"传帮带"工作缺乏组织管理和明确的实施程序，老专家和青年人员遴选组合不够科学合理，"传帮带"培养内容缺乏计划性和有效的监督措施等，无法实现对青年人员的传承、帮助和带动。

（二）"传帮带"主体存在一定局限性

大多数单位将"传帮带"中导师的主体局限于传统意义上的老专家。由于人口规模和知识结构等历史原因，高水平专家老龄化现象严重，并且普遍牵头或承担重大项目和研究任务，工作强度和压力大。培养指导青年人员，为其解答问题或审核把关需投入额外时间精力，无形中增加了工作量和负担，导致许多资深专家对指导青年人才有心无力。

（三）"传帮带"实践中易忽视技术骨干成长

目前，"传帮带"在实践中更多关注新人或青年人才的成长，而对于具备一定业务经验或处于职业成熟期的技术骨干的培养措施相对较少。技术骨干是单位业务开展的中坚力量，他们自身也会遇到职业发展和能力提升的瓶颈，面临着成长为技术领域的领跑者、开拓者等更高层次人才的压力，如何助推技术骨干成长为高层次领军人才，让他们"终成大器"，也是"传帮带"机制不容忽视的问题。

（四）"传帮带"实施时存在流于形式的情况

少部分单位虽形成了"传帮带"结对组合，但对"传帮带"具体的指导内容未进行明确，未制定培养目标和要求，也没有及时跟踪了解培养过程中具体活动的开展情况，难以准确评估"传帮带"工作的实施效果。同时"传帮带"活动缺乏相应的考核和奖惩措施，不能充分调动导师和学生的积极性和主观能动性，使"传帮带"停在纸面、流于形式，无法真正实现通过"传帮带"加强人才培养的预期效果。

六、水规总院人才培养"传帮带"机制建设

（一）"传帮带"机制问卷调查

课题组在水规总院范围内，就各专业、各年龄段人员对"传帮带"的认识和参与意愿，以及"传帮带"模式的可行性和具体实施路径等开展了问卷调查。将调查对象划分为导师和学生两个群体，导师群体包括具有正高级职称人员、担任领导职务人员及退休返聘专家等，学生群体为年龄在40周岁以下、技术水平和工作经验相对缺乏的青年人员。调查内容涉及开展"传帮带"的必要性、参与意愿和能力、人选条件和范围、开展形式、组织管理方式等。

1. 开展"传帮带"的必要性和可行性

绝大部分导师（85%）和学生（81%）认为开展"传帮带"对加强技术经验传承、缓解人员集中退休对整体技术水平的影响是十分必要并且紧迫的。年轻同志业务能力和技术水平存在明显欠缺的前三方面分别是工作经验和阅历不足（92%）、涉猎面偏窄导致看问题不够全面（59%）、缺乏技术钻研使得业务深度不够（55%）。

开展"传帮带"的必要性调查结果见图1。

导师群体中，90%的人非常愿意将自己的专业知识、工作经验等传授给年轻同志，帮助年轻同志快速成长；80%的人在工作任务之余有时间和精力参与开展"传帮带"工作。学生群体中，83%的人认为非常需要通过参与"传帮带"向专家或业务骨干学习经验技能，帮助自身快速

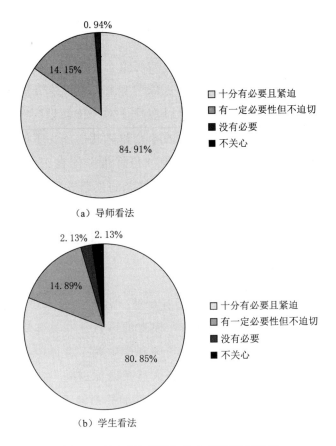

（a）导师看法

（b）学生看法

图 1　开展"传帮带"的必要性调查结果

成长。

2. 人选条件和范围设置的侧重点

关于人选条件和范围，导师群体与学生群体观点基本一致，需要接受指导的人选排在前三位的是应届毕业生（95％）、新入职的社会招聘人员（78％）、业务能力存在明显短板的人员（66％）。导师需要具备较高的技术水平和业务能力，比如担任过大型水利水电项目的设计总负责人或项目负责人、主审人或专业主审人（82％），具有正高级专业技术职称的技术骨干（79％），担任过全国及流域综合规划或专业规划编制负责人或专业负责人（77％）等。

认为需要通过"传帮带"方式加强培养各类人员的调查结果见图 2。

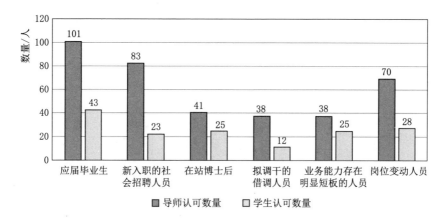

图2 认为需要通过"传帮带"方式加强培养各类人员的调查结果

3."传帮带"工作具体开展形式

导师群体认为,"传帮带"的具体开展形式可以是带领年轻同志共同完成项目、课题或技术工作(95%),开展座谈集中交流研讨(62%),定期为年轻同志授课进行业务培训(58%),将技术经验总结形成案例或成果汇编供年轻同志借鉴参考(33%),指导年轻同志撰写论文著作(31%)。学生群体对于由专家带领共同完成项目、课题或技术工作的倾向性最高(91%),与导师群体高度一致,参加专家授课的业务培训(65%)和座谈交流研讨(51%)占比相当。不同点在于,学生群体对在业务工作中能够参考借鉴专家总结形成的案例或成果汇编的期望值更高(55%)。

"传帮带"工作开展形式调查结果见图3。

4."传帮带"工作组织管理和激励

导师群体和学生群体均相对集中地认为"传帮带"工作的具体内容由导师和学生自行研究确定(导师有69%认可,学生有55%认可),并且应建立奖励机制,对积极参与"传帮带"工作并取得显著成效的人员进行荣誉奖励(导师有63%认可,学生有59%认可)。部分导师和学生对制定"传帮带"任务清单、明确完成时限和预期效果较为认可(导师有29%认可,学生有45%认可)。

对提升"传帮带"工作实际效果有帮助的措施的调查结果见图4。

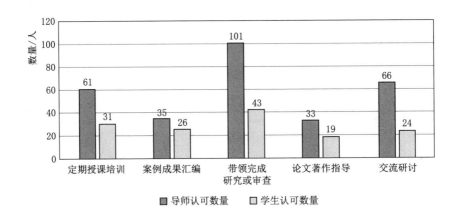

图 3　"传帮带"工作开展形式调查结果

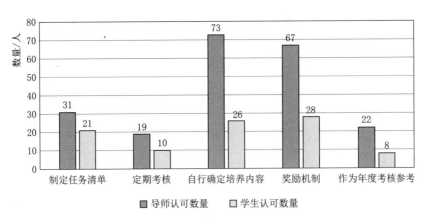

**图 4　对提升"传帮带"工作实际效果有帮助的
措施的调查结果**

从调查结果看，导师群体和学生群体对"传帮带"工作的认同度和参与意愿均较高，具备良好的"传帮带"机制建设和组织开展相关工作的人员支撑和执行基础。同时导师遴选条件和学生推荐范围、开展形式和管理激励措施等方面的意见相对集中，为制定"传帮带"制度的具体内容提供了较为明确的导向和借鉴参考，能够对技术经验积累、人才队伍建设以及水规总院"科学、严谨、求实、创新"的文化和价值观传承发挥积极作用。

（二）"传帮带"人才培养制度建设思路

1. 确定"传帮带"开展形式

"传帮带"以导师带学生为主，以"一对一"或"一对多"的传授方式开展，由导师对青年人员进行指导，帮助其快速提高业务能力和技术水平。导师需要拥有良好的职业道德、较高的专业技术水平和丰富的实践经验。从水规总院技术人员的职称结构和整体技术水平来看，导师的业务水平和职业素养都是非常高的，具备辅导、培养学生的能力。

2. 明确"传帮带"基本原则

导师有各自熟悉的业务领域和技术专长，学生自身的提升需求和职业发展规划也因人而异，因此需要因地制宜、因材施教。同时老师与学生的适配性是基本前提，导师不但要在技术层面上对学生进行指导，更要在价值观和专业理念方面得到学生认同，形成导师学生"高度适配"的和谐关系。能否达到"高度适配"，"双向选择"是关键，只有学生和导师双方意愿统一，才能够确保参与"传帮带"的积极性和主观能动性。另外，人才培养"传帮带"的根本目标是通过不断加强后备人才力量来持续支撑水利事业的改革发展，特别是在新阶段水利高质量发展不断提出新任务、新挑战，新质生产力更加突出创新、高效、质优的时代背景下，青年人才的培养更应做到立足发展、守正创新。因此组织开展"传帮带"应当遵循"双向选择、高度适配，因材施教、立足发展"的基本原则，积极营造技术传承、经验传授，教育引导青年人员成长成才的良好氛围。

3. 建立有效可行的"传帮带"培养制度

开展各种形式的"传帮带"活动，均需以行之有效、可操作性强的制度进行具体指导和规范。在外部调研和内部调查问卷的基础上，研究制定《水规总院"传帮带"工作指导意见》，明确导师和学生人选条件、遴选结对方式、具体开展形式、目标考核任务、监督奖励措施等，有利于让参与者和培养对象了解"传帮带"活动的开展程序，充分认识"传帮带"对单位和个人发展的重要意义，督促青年人员以自身成长带动整体水平和能力提升，同时使"传帮带"活动的组织和管理有章可循、有据可依，形成人才培养的长效机制。

4. 分层次组织实施"传帮带"效果更佳

人才团队分级建设、员工划分成长阶段培养等，均体现了分层次开展"传帮带"的重要性。考虑到青年技术人员在不同职业发展阶段的个人能力和业务成长需要存在差异，为实现"传帮带"对各成长阶段青年人才的全方位、全过程培养，"传帮带"工作分层次组织实施能够使传授和指导更具有针对性。在水规总院层级和部门层级分层实施"传帮带"，资深专家带动业务骨干、业务骨干带动新生力量，符合各层次人员的能力、需求和工作实际，真正达到人才队伍按梯次建设的目标。

5. "量体裁衣"制定"传帮带"培养内容

"传帮带"培养内容可结合培养对象的工作特点和内容自主研究确定，不局限于单一内容和形式。需要充分考虑导师擅长的技术领域和学生的业务提升需要，采取"一人一策"方式，结合学生自身特点和岗位性质制订具体培养计划，包括培养方向、指导内容、指导方式、培养目标等，作为培养期内具体开展"传帮带"工作和对实施效果进行考核、评价的依据。这样有利于充分调动导师和学生参与"传帮带"的积极性、创造性。同步做好培养过程纪实，在培养期内记录导师对学生开展的指导、培训、交流等活动，收集整理相关材料，如导师指导学生取得或共同取得的成果业绩、学生提交的工作总结及导师评语、学生在相关工作中获得的表彰奖励、工作鉴定等，作为考核、评价实施效果的重要支撑。

七、结语

"传帮带"是有效的人才培养和技术传授方式，能够在资深专家和青年人才之间搭建有效的沟通交流平台，通过传授经验、分享技能、传递价值观和文化理念，帮助青年人才提升能力本领，增强对水规总院的归属感和文化认同，同时使能够推动改革发展的核心技术或宝贵经验得以传承，有效提高后继人才的培养效率，为长远发展奠定坚实基础。

建立行之有效的培养制度，是创造性地运用"传帮带"模式的基本前提和有力保障。此次"传帮带"模式研究，充分学习借鉴了外部经验，听取采纳了内部意见，完成了《水规总院"传帮带"工作指导意见》涉及组织、实施、管理等各方面内容的研究制定，后续将进一步推动此项制度实施落地，为水规总院技术传承和人才培养发挥积极作用，夯实推进新阶段水利高质量发展的人才基础。

长江水文局基层青年人才培养
现状分析研究

主要完成人：梁绮云　蒋纯　侯春　欧阳骏　王静

所在单位：长江水利委员会水文局

党的二十大报告鲜明提出"强化现代化建设人才支撑"，深刻指出人才是第一资源，坚持人才引领驱动，加快建设人才强国，坚持为党育人、为国育才，全面提高人才自主培养质量，着力造就拔尖创新人才，聚天下英才而用之，在更高起点、更高层次、更高目标上对人才强国作出顶层设计，为加快建设人才强国锚定了新坐标、树立了新标杆、描绘了新远景。

近年来，长江水利委员会水文局（以下简称"长江水文局"）始终坚持科技立局、人才强局发展战略，将各层次人才培养，特别是青年人才的培养，作为深入推进人才强局战略的一项重要举措。为了更好地了解基层青年职工的培养发展状况，研究制定进一步加强青年职工培养、使用的措施，针对全局 35 岁及以下青年职工开展了一次全面的调研并形成此报告。

一、长江水文局基层青年人才队伍现状与调研情况

（一）长江水文局基层青年人才队伍现状

长江水文局点多、线长、面广，下辖 8 个水文水资源勘测局，分布在昆明、重庆、宜昌、荆州、襄阳、武汉、南京和上海。从川藏交界至入海口徐六泾，在长江干流及重要支流布设数百个水文站、水位站、监测断面。单位的性质决定了大多数工作单位在基层，绝大多数人才在基层一线，从长江水文局人才需求看，既需要"高精尖"——高层次科技

人才，也需要"基专能"——基层的专业技术及技能人才，因此，既要抓好科技人才队伍建设，更要抓好专业技术及技能人才队伍建设。

截至 2023 年 12 月底，长江水文局职工共计 1637 人，其中基层职工 1380 人，占比为 84.3%。全局职工平均年龄为 41.08 岁，35 岁及以下青年职工 683 人，其中基层青年职工 599 人，占比为 87.7%。

基层青年职工人员结构见表 1。

表 1　基层青年职工人员结构

人员分类		人数	占比/%
按性别	男	398	66.4
	女	201	33.6
按政治面貌	中共党员	225	37.6
	共青团员	148	24.7
	民进会员	1	0.1
	群众	225	37.6
按学历	博士研究生	5	0.8
	硕士研究生	172	28.7
	大学本科	351	58.6
	大学专科	71	11.9
按专业	水利类①	280	46.8
	其中水文类	211	35.2
	测绘类	72	12.0
	环境类	77	12.9
	船舶类	45	7.5
	信息化	48	8.0
	管理类	41	6.8
	其他	36	6.0
按专业技术资格（职称）	高级职称	19	3.2
	中级职称	238	39.7
	初级职称	342	57.1

续表

人 员 分 类		人数	占比/%
按职务级别	正科级	13	2.2
	副科级	68	11.4
	无职务	518	86.4

① 其中水文类人数为 211 人，占比为 35.2%。

（1）从表 1 可知，长江水文局基层青年职工男女比例约为 2∶1。基层青年职工中，中共党员和共青团员占比超六成。

（2）学历方面，研究生占近三成，大学本科占近六成，可以说长江水文局基层青年职工学历层次总体较高。学历结构见图 1。

（3）专业方面，根据长江水文局业务分布，水利类、测绘类、环境类三大类占比超七成，信息化相关专业人员占比近年逐步提升。专业结构见图 2。

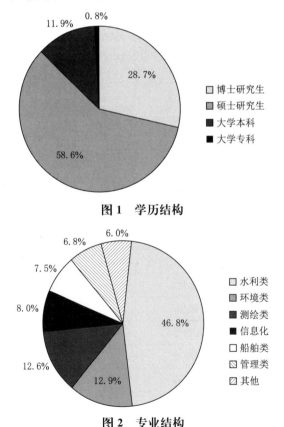

图 1　学历结构

博士研究生　硕士研究生　大学本科　大学专科

0.8%　11.9%　28.7%　58.6%

图 2　专业结构

水利类　环境类　测绘类　信息化　船舶类　管理类　其他

6.0%　6.8%　7.5%　8.0%　12.6%　12.9%　46.8%

（4）职称方面，由于工作时间较短等原因，初级及以下职称占比较高，近六成；中级职称次之，近四成；高级职称仅 19 人，占比为 3.2％。职称结构见图 3。

（5）职务级别方面，大部分基层青年职工为普通职员，有职务的占比仅为 13.6％，均为科级职务。职务级别结构见图 4。

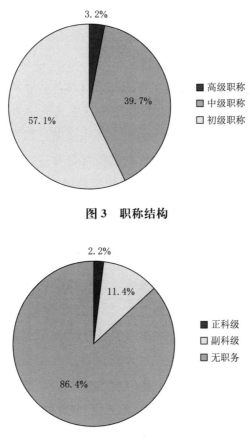

图 3　职称结构

图 4　职务级别结构

（二）问卷及实地调研情况分析

此次调研主要采取问卷调查、实地走访、座谈会等方式进行。在进行问卷设计时，同时设计了两套调查问卷，一套发放对象是青年职工，主要针对青年职工的成长发展情况进行问卷设计；一套面向青年职工所在单位的负责人，通过他们的视角更深入地了解青年职工的工作状况和培养发展情况。总体情况分析如下：

1. 基层青年职工对现阶段个人成长现状的满意度

问卷调查中，51.6%的调查对象认为入职以来自己在专业技术能力上成长进步较大，41.8%的调查对象认为在工作经验方面成长进步较大；促进基层青年职工成长进步的主要原因，65.5%的调查对象认为是工作历练，20.2%的调查对象认为是前辈指导，而认可长江水文局相关专业培训促进青年职工成长进步的占比不足 6%。

2. 基层青年职工对单位人才培养相关措施的认可度

问卷调查中，70.4%的调查对象对单位青年人才培养的支持措施有一定了解，但仍有 16%的调查对象表示不太了解；在单位青年人才培养措施效果评价中，导师制、技能竞赛、项目培养三项评价较高，均超过50%，而各类专业培训、创新团队/工作室等团队培养评价较差。

走访调研中发现，近年因疫情影响，线下培训及现场交流较少，培训方式较为单一，培训内容就基层单位的针对性不强。部分单位"师带徒"方案虎头蛇尾、落实不到位，同时基层青年职工希望单位能提供更多更丰富的培训资源，并于在职教育、学历提升、执业资格取得等方面出台相应的支持政策。

3. 基层青年职工对个人未来发展的需求点和期望值

问卷调查中，激励基层青年职工成长进步的主要动力来源于工资绩效的增长、职称职务的晋升、工作的成就感和满足感；同时认为水文基层青年人才发展空间"好"和"非常好"的占比超过 60%，但仍有近10%的调查对象认为发展空间较狭窄、路线较单一。

走访调研中发现，由于基层工作内容较为重复单一，层级不高，在职称申报、人才评选推荐方面存在一定的困难。由于单位岗位限制，取得相应职称资格符合聘用条件后，不能及时聘任至相应的岗位，不利于青年职工工作积极性的调动。同时希望进一步加强对创新创造的激励奖励，增强基层青年职工的创新动力，并能提供更多更好的平台让基层青年职工发挥所长。另外，在工作生活方面，部分基层青年职工认为日常工作任务重，工作压力较大，希望能多组织一些集体活动，并加强青年人理想信念教育、心理健康辅导等。

4. 单位（部门）负责人对基层青年职工的总体评价

为了增强对基层青年职工整体评价的客观性，还对青年职工所在单位或部门负责人（即管理者）进行了问卷调查。

调查显示，管理者对所在部门青年职工的总体情况还是比较满意的，有 68.8% 的管理者对青年职工的总体工作表现表示基本满意，26.7% 表示满意；在评述青年职工的总体优缺点时，管理者认为大多数青年工作技术技能水平高、效率高、肯学习、肯钻研，但同时存在少部分责任感不强、自我意识浓厚、主观能动性不高的情况。

在业务能力方面，82% 左右的管理者表示青年职工能够合理分配工作时间，工作效率较高，且领导交办的大部分工作都能保质保量地完成。

在创新意识方面，13.3% 的管理者认为青年职工在此方面表现优秀，具体体现在工作思路清晰、能够活学活用；80% 的管理者认为青年职工表现良好，工作方法运用得比较灵活；感觉青年不太善于总结经验、积累方法，工作效果一般的占 6.7%。

在工作积极性方面，管理者表示青年职工能较好地完成岗位工作。但工作的主观能动性还要进一步加强。41.7% 的管理者认为青年职工能够积极主动推动工作；52.9% 的管理者认为青年职工在领导的安排下能较好地开展工作；5.4% 部分青年职工还存在消极怠工等待领导指示安排的情况。

在团队协作方面，管理者给予青年职工的评价较高，82.3% 的管理者认为青年职工能够与同事保持良好的合作关系，协作性强；71% 的管理者认为青年职工在与各部门间的交流沟通过程中表现良好，能够建立起良好的人际关系网，工作效果好。

在贯彻执行方面，5.9% 的管理者认为青年职工在领悟领导的意图方面表现优秀，能准确把握意图，出色地完成任务；70.6% 的管理者认为青年职工领悟领导的意图比较准确，并能贯彻执行；另有 23.5% 的管理者认为青年职工在此方面表现一般，只能基本领悟领导的意图，且执行效果一般。

二、长江水文局基层青年人才培养状况分析

本次调查结果显示，绝大部分青年职工积极健康向上，成长发展态势良好，单位的培养效果及人才队伍建设方面总体是好的，但仍然存在一些问题及困难。

（一）基层青年人才培养的难点

一是基层培训资源有限，青年职工并不缺少学校的专业基础知识，入职基层单位后，主要依赖师傅、前辈"传帮带"，通过项目工作不断积累实践经验，尚无系统的专业培训和成熟的锻炼平台。随着科技的迅猛发展，广大基层青年职工比以往更需要"充电"的机会和平台，而基层水文单位受地理位置等多种因素影响，教育培训资源较为有限，同时现行政策中单位专项培训经费较少且需要各个单位根据自身实力自筹自支，经费的限制使得青年职工再教育、再深造的机会不多，个人发展提升受到限制。二是基层单位领导重视程度还不够，个别基层单位领导还在一定程度上存在着"重使用，轻培训""重评选，轻培养"的思想，过于看重当前利益而忽视青年人才培养的长期效益，制约着基层青年人才的高质量可持续发展。

（二）基层青年人才培养的痛点

一直以来，水文基层单位在承担大量公益事业职能的同时，还需不断加大经济发展力度，才能弥补事业经费的不足。作为最具创造力的青年职工往往也同时承担着大量的生产任务。由于生产任务是主要的利润来源，且技术较为成熟、执行较为简单，而技术创新创造具有高风险和高挑战性，导致部分青年职工重生产、重利润、重产值，满足于完成日常一般性工作和生产任务，过于看重当前利益而忽视技术的持续改进。另外，由于公益一类事业单位性质的限制，使薪酬分配、绩效考核、人员淘汰等方面的自由度比其他性质的单位小，存在着干得好坏差距不明显、绩效考核激励奖惩力度不强等客观问题，导致青年职工创新发展动

力不足，满足于不出差错，缺少主动学习和科技创新的主观能动性。

（三）基层青年人才培养的堵点

受单位编制、职数、岗位等因素制约，基层人才队伍没有得到最大限度的盘活。一是事业单位人员在一定程度上仍然存在"只进不出"的情况，缺乏合理的人员淘汰机制，在固定的编制内，无法胜任岗位需求的人员出不去，新的年轻人才进不来；二是基层单位晋升岗位和职数受限，职称评审、岗位聘用过程中仍然存在一定的论资排辈现象，基层青年职工晋升、晋级"排队"时间较长，纵向发展容易触碰职业"天花板"；三是长江水文局线长、点多、面广，特别是许多基层站点地处偏远，职工的工作生活环境相对单一，基层单位间横向交流的机会不多，导致部分青年职工长期耕耘在自己的"一亩三分地"上，容易形成按老观念、老规矩办事的心态，对工作的热情有所减弱。

三、新阶段推进长江水文局基层青年人才培养的一些思考

近年来，长江水文局人才队伍整体结构不断优化，一批具备良好知识结构、年富力强的技术骨干队伍迅速成长。站在新的历史起点上，青年人才工作面临着新的形势和任务，迎来了新的机遇和挑战，需要进一步加大工作力度。

（一）强化青年人才培养顶层设计

人才是"第一资源"，是"战略资源"，是推动长江水文局高质量发展的关键。抓好人才队伍建设是事关长江水文局事业健康发展的基础性、战略性任务，为长江水文局高质量发展培养高层次人才、卓越工程师、大国工匠后备力量，是当前及今后一个阶段最重要的使命任务，应该放在更加重要的位置。进入高质量发展阶段，应该清醒地认识到长江水文局人才队伍特别是基层青年人才队伍的现状和形势，切实增强做好人才工作的责任感、使命感和紧迫感，统筹推进管理、科技、技术技能、经营等人才队伍建设，不断开创新时代长江水文局人才发展新局面。

（1）明确责任分工。局属各级党组织要切实履行人才管理主体责任，及时研究解决本单位（部门）青年人才队伍建设中存在的有关问题，结合实际制定推动本单位（部门）青年人才队伍建设的专项措施或实施意见。要健全完善组织人事部门牵头抓总、有关部门各司其职的青年人才工作机制，切实增强人才服务意识，举全局之力为青年人才成长提供更有效的帮助、更广阔的平台。

（2）坚持广泛培养、重点扶持，加快形成青年人才优先培养的战略布局。各级党委要加强人才工作的形势研判、整体谋划和专题研究，切实担负起人才工作主体责任，结合实际制定青年人才培养专项规划，明确培育目标定位，创新培育模式，完善优秀青年人才全链条培养制度。根据不同专业类型人才培养目标，做好长江水文局青年人才培养专项规划，不断充实各层次人才梯队和团队，不断扩大专业覆盖面。

（二）创新基层人才培养模式

（1）支持青年人才挑大梁当主角。发挥长江水文局现有高层次专家的引领力，打造"专家引领、项目历练、团队协作"的基层青年人才培养模式，加大青年人才培养专项资金投入，充分发挥水文局科技创新基金的作用，给予每个项目团队必要的人、物、财支配权，让他们放开手脚，全身心投入，多出成果。逐步提高优秀基层青年人才担任各级各类项目、平台和团队负责人的比例。在创新团队建设中注重培养基层青年人才，加强 35 岁及以下优秀青年人才的战略性储备和培养，形成递进式人才培养梯队。深化"师带徒"活动，做好传、帮、带工作。进一步明确基层首席技师工作室成员的职责，成立以首席技师为核心的技术团队，制定研究课题，发表行业技术论文，探索水文工作中的急、难问题的解决方案。以培养基地和首席技师工作室为依托，积极探索基层青年人才培养基地创建和管理模式。

（2）实施青年人才接续培养计划。重点加强水旱灾害防御、水资源集约节约利用、水资源优化配置、大江大河大湖生态环境保护治理、国家水网重大工程、智慧水利建设等重点领域的专题培训，统筹用好内部外部培训资源，针对基层青年人才需求，提供"点餐式"培训新模式。定期举办青年论坛、科技论坛，培养更多适应新形势、服务新领域的前瞻性人才。

（3）以技能竞赛为依托，精准赋能基层青年人才成长。根据青年人才成长规律，抓住新职工入职前 5 年的黄金成长期，坚持每 5 年举办一届技术大比武，向上对接委级、省级直至全国技能竞赛，向下建立各勘测局、分局层层选拔的培养机制，实现基层青年职工技能培训全覆盖。通过以赛促学、标杆引领、导向激励，全面提升基层青年人才专业技术水平，培养出一批技术精湛、技能高超的基层技术技能领先人才。

（三）畅通人才发展渠道

（1）完善领导干部退出机制，进一步拓宽年轻干部成长空间。贯彻落实长江水文局《关于适应新时代要求进一步加强年轻干部培养选拔工作的意见》，打通向上通道，激发高质量发展"人才活力"。按照拓宽来源、优化结构、改进方式、提高质量的要求，以大力发现培养为基础、强化实践锻炼为重点、确保选准用好为根本、从严管理监督为保障，坚持成熟一个、使用一个，形成年轻人才优先培养选拔的战略布局，让人才在更适合的岗位上，把优势特长发挥出来，在推动长江水文局高质量发展中发挥出更大的作用。

（2）有计划地派出优秀基层青年人才参加援疆援藏、扶贫挂职和地方政府的各级各类干部人才服务计划，积极派员到部委、地方相关单位（部门）交流锻炼，让青年人才开拓眼界、增长才干，在关键岗位中加速成长成才。对于基层青年人才而言，沉下去锻炼是宝贵的人生经历，也是可贵的成长方式，对经过长期考验、岗位经验丰富、各方面比较成熟的优秀青年人才，大胆放到重要和关键岗位上使用，并让一批经验丰富、业务能力突出的前辈与年轻人才结对，通过工作示范、口头传教、实践指导等方式，快速提升其工作能力。

（3）进一步畅通高技能人才与专业技术人才职业发展通道，探索建立职业资格、职业技能等级与相应职称、学历的双向比照认定制度，推进专业技术人才和高技能人才职业发展融合贯通。

（四）落实各项保障激励措施

（1）强化统筹协调，确保各项人才支持政策有效落实。建立完善领导干部联系服务青年人才制度，聆听青年人才的意见和建议，鼓励优秀青年人才参加重要决策、咨询及研讨活动，积极协调解决青年人才工作生活中的难题，形成有利于青年人才成长和发挥作用的良好环境。

（2）建立人才容错纠错机制，鼓励基层青年人才担当作为。对于日常小错和改革创新、先行先试的工作失误要有包容心，鼓励基层青年人才投身水文创新创造，真正做到大胆做、大胆试、大胆闯；遵循科技创新和人才成长规律，各类创新试错成本高、发展周期长、成果转化慢，要允许、宽容失败，提供稳定可持续的"坚实后盾"；对于不同程度的错误要考虑该不该问责、问责谁、怎样问责、问责程度，确保依法依规，不挫伤基层青年人才积极性。

（3）继续完善人才评价机制和人才激励机制。结合长江水文局"五大体系"建设和现代化发展需要，探索建立以创新能力、创新成果以及解决实际问题的服务社会经济能力等为核心评价要素的人才评价体系。坚持物质和精神激励并重，运用科技成果转化、青年科技英才评选、技术能手评选等各种手段，在科研条件、个人待遇方面向优秀基层青年人才充分倾斜，让作出贡献的人才更有成就感和获得感。

（4）加强宣传引导。加强舆论引导，积极宣传优秀基层青年人才在服务经济社会和推动新阶段长江水文局高质量发展中的作用和贡献，进一步营造重视、关心、尊重青年人才的良好氛围，充分发挥示范效应，激发青年人才建功立业。

业以人兴，国以人强。人才培养是系统工程，要始终坚持全局观念和系统思维，要突出事业引才、事业育才、事业留才，厚植事业沃土，推动人才、技术等创新要素加快发展聚集，要树立"人人皆可成才"和"人才全周期培养"理念，从人才引进、培养、使用、评价、激励全链条入手，运用信息化手段，打通各个环节，助力人才发展，为长江水文局高质量发展提供更加有力的人才支撑。

新时代水利科技人才分层次培养机制的探索与实践

——以长江科学院为例

主要完成人：杨婉　房润南　徐海涛　向前　郭文康

刘珊燕　冯雪　李响

所在单位：长江水利委员会长江科学院

一、研究背景、目的及意义

进入新时代，世界正处于大发展大变革大调整时期，国际环境发生着复杂深刻的变化，我国发展面临重要战略机遇期和历史机遇期。"十四五"规划提出要坚持创新驱动发展，把科技自立自强作为国家发展的战略支撑，深入实施人才强国战略。深化人才发展体制机制改革，激发人才创新活力。党的二十大报告提出科技是第一生产力，人才是第一资源，要加快建设国家战略人才力量，努力培养造就更多大师、战略科学家、一流科技领军人才和创新团队、青年科技人才、卓越工程师、大国工匠、高技能人才，用好用活各类人才。本文通过查阅图书和研究报告、人员访谈和实证分析等方法，以长江科学院为例，从卓越人才、领军人才、核心人才、托举人才四个方面明确了新时代水利科技人才的目标及定位，梳理了水利科研单位人才队伍分层次培养的现状及存在的主要问题，针对问题从科技人才的管理、选拔、培养、激励等方面提出了具体的实践方案，旨在探索水利科技人才分层次培养的合理模式，建立并畅通科技人才发展通道，构建科学有序的人才成长梯队，进一步完善水利创新人才发展机制，激发青年科技人才创新活力和内驱动力，夯实水利科技自立自强根基。

二、新时代水利科技人才目标及定位

为全面贯彻落实"十四五"发展规划和人才队伍建设专项规划，壮大各层级人才队伍，长江科学院按照"分类培养、分层推进、全面提升、重点支持"的原则，从卓越人才、领军人才、核心人才、托举人才四个层次选拔一定数量的人才予以分层次培养，通过对现有人才的专业水平、业绩成果、成长潜力、行业影响力、专业发展前景等条件进行分析研究，计划在"十四五"期间培养卓越人才 2～4 人、领军人才 5～10 人、核心人才 20～40 人、托举人才 60～100 人。

（一）卓越人才

卓越人才是指研究领域面向国家重大战略和水利事业发展重大需求，研究方向处于世界科技前沿领域，在行业内具有较大影响力，能在破解水问题、推动国家重大战略实施和水利发展上发挥引领作用，在推动单位改革发展上发挥战略作用，具备院士培养潜力的高层次人才。

（二）领军人才

领军人才是指在治水治江科技领域有一定影响力，具有较高的学术造诣和较强的团队组织能力，能在某一领域推动科技发展，对长江科学院科技创新起引领带动作用的人才。

（三）核心人才

核心人才是指在治水治江科技某一领域，取得一定的专业成就或掌握关键核心技术，具有较好的学术视野和创新思维的科技骨干。

（四）托举人才

托举人才是指潜心研究、勇于创新，在治水治江科技某一领域崭露头角，且有较强的创新意识和创新潜力的青年科技人才。

三、水利科研单位科技人才队伍培养的现状及存在的主要问题

（一）长江科学院科技人才队伍培养现状

1. 人力资源基本情况

截至 2023 年 12 月，长江科学院事业编在职职工平均年龄约为 42 岁，45 岁以下职工占比达到 67.5%。现有博士、硕士约占在编职工总数的 78%，专业技术人员占比为 95%，副高及以上职称占比约为 62%。职工队伍整体年龄呈年轻化，高学历和高级职称人员已具备较大规模，年龄结构不断优化。

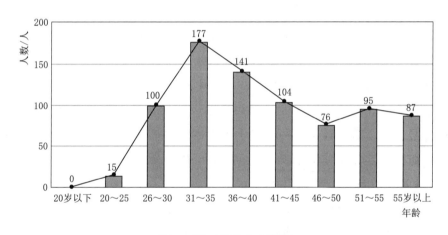

图 1　职工年龄分布情况

2. 科技人才队伍基本情况

截至 2023 年 12 月，长江科学院在职专业技术人员现有国家级、省部级专家近 80 人，其中享受国务院政府特殊津贴专家 2 人、"百千万人才工程"国家级人选 2 人、国家级高层次青年人才 4 人、水利部"5151 人才工程"部级人选 2 人、水利领军人才 1 人、水利部水利青年科技英才 1 人、水利部创新团队负责人 1 人、水利青年拔尖人才 2 人、湖北省有突出贡献中青年专家 3 人、湖北省新世纪高层次人才工程第一层次人选 1 人、湖北省青年拔尖人才 3 人、中国科协青年人才托举

工程5人、湖北省青年英才开发计划1人、湖北省百名优秀女性科技创新人才3人、长江委水利青年科技英才5人、水利部"5151人才工程"第三和第四层次人选33人、湖北省新世纪高层次人才工程第三层次人选10人。长江科学院对高端人才、创新人才的培养已取得一定成效。

长江科学院获得国家级、省部级专家称号的人员平均年龄为46岁。55岁以上的有6人，46～54岁的有21人，39～45岁的有19人，38岁以下的有3人。20世纪60年代专家级人才近两年来处于退休高峰，人数锐减，70年代专家级人才队伍年龄结构存在青黄不接现象，80年代出生的后起之秀初具规模。

3. 科技人才分层次培养情况

为扎实推进人才队伍建设，提高人才培养质量和成效，力争"十四五"期间在高端领军人才培养和创新团队建设方面取得新突破，长江科学院不断强化顶层设计，战略谋划人才事业布局。以促进高素质专业化人才队伍建设为核心，提出了围绕领军人才、青年学科带头人的培养，对标国家重大需求和国家杰出人才选拔标准，统筹布局、合理调配、精准施策，打造层次梯级合理、专业交叉互补的高水平创新人才团队及人才梯队。近两年长江科学院出台了《"十四五"科技人才分类培养实施方案》《高层次人才收入分配及绩效考核的实施意见》《国际化人才培养方案》等系列政策，着力于各层次人才的培养。积极打造国家级创新人才培养示范基地和部级长江水利人才培养基地，依托平台基地不断加强科技人才的培养孵化，为长江科学院青年科技人才申报更高层次的人才培养项目提供更多的通道。

（二）存在的主要问题

1. 高层次人才自主培养能力尚有差距

高层次人才总量不足，国家级、省部级以上人才总体占比相对偏低；有影响力的专家整体年龄偏大，年龄结构矛盾突出，20世纪60年代出生的国家级、省部级具有较大影响力的专家级人才原有一定规模，随着

2023年退休高峰年的到来，60年代专家级人才人数锐减，而70年代出生的专家人才出现了断层现象，80年代出生的后起之秀虽初具规模，但在行业和学界的影响力尚未建立；高端领军人才匮乏，在院士、国家有突出贡献的中青年专家、杰出青年获得者、科技创新领军人才方面仍未取得实质性进展；青年人才缺少长远的规划及系统的培养机制，人才培养政策落地需进一步细化和实化。

2. 科技人才分层次选拔评价指标不够精准

以创新价值、能力、贡献为导向的评价机制尚未形成，不同程度地存在重学历轻能力、重资历轻业绩、重论文轻贡献、重数量轻质量等问题，这体现不同创新活动类型的科技人才分类评价指标和具有明确导向作用的考核指标不够健全，在一定程度上仍存在"一把尺子量到底"的情况。

3. 青年人才产研矛盾突出

一定程度上对青年人才存在重使用轻培养的现象，青年职工在座谈中普遍表达了兼顾生产与科研时的疲于应对。单位对青年人才培养经费的支持力度相对较低，人才培养的氛围不够，青年人才因为承担的横向生产任务较重，所以将大部分精力用于完成生产任务，没有更多的精力去提升自我。很多学历较高的博士和优秀青年既要承担横向生产任务创造产值，还要完成单位下达的基金申请、论文发表、发明创造申请、技术专利申请等诸多的科研任务，在实际工作过程中，既难以一心一意搞生产，又难以静下心来做科研，两头兼顾结果往往是身心俱疲，科研成果、技术发明、设计方案的质量受到了较大的影响。

4. 人才激励机制不够完善

与人才激励相关的职称评审、岗位聘用、绩效激励等单位内部制度建设和薪资配套政策协同不够，绩效工资总量正常增长机制尚未建立，薪酬水平、科研条件与市场化单位存在一定差距，对高端人才缺乏吸引力。激励手段较为单一，在调动各类人才的积极性和创造性方面的举措不够具体，营造科研人员潜心研究、埋头苦干工作氛围的力度不够，对人才先进事迹宣传不足。

四、科技人才分层次培养的探索与实践

（一）坚持强化保障，构建上下联手管才机制

1. 加强组织保障

坚持党管人才原则，建立人才培养的决策协调机制和督促落实机制。成立党委领导下的科研单位人才工作领导小组，形成人事部门负责、相关部门密切配合、用人单位直接负责的工作机制，统筹协调各方资源，推动科技人才分层次培养方案落实。分解细化人才发展规划目标，落实用人单位主体职责，充分调动用人单位在人才培养中的积极性和主动性。将人才培养工作成效作为用人单位主要领导和领导班子的重要考核内容，推动各项制度和措施落地见效。

2. 加大资金保障

设立人才培养与发展专项资金，保证每年基本科研业务费及单位自筹资金投入人才培养经费。针对不同层级的人才培养的需求特点，建立不同侧重的经费投入模式，为各层次水利人才队伍建设提供强有力的支撑。加强对人才投入资金使用的监督管理，切实提高人才投入效益。

（二）坚持业绩导向，构建德才兼备的选才机制

1. 明确标准

明确卓越人才、领军人才、核心人才和托举人才的选拔标准及发展方向，以政治思想为引领，突出个人能力、业绩与贡献、行业影响力、成长潜力，重视成果质量，不以数量论成败，建立有序上升的"梯次"成长路径，推动形成"塔式"人才结构。

2. 动态调整

建立能进能出的培养淘汰机制，让青年人才在享受充足的培养资源的同时树立危机意识，保持良好的进取精神。对标各层次人才标准，遴选确定各层次人才培养人选并进行跟踪培养。结合实际落实各项培养措施，建立动态人才信息库，并在科研项目、科技奖励、高质量成果等重要指标薄弱项上根据实际情况设置红色预警，及时提醒培养人选本人和

相关单位对存在的红色预警项予以重点关注和加强。对于取得高质量成果、获得高层次科技奖励或入选高层次人才工程的人选，通过遴选程序及时补充或升级入库。同时对入库人员定期评估，在考核周期内无新的科技成果产出，经评估不再具备培养条件的退出该层次人才库。

（三）坚持因材施培，构建多元协同育才机制

1. 配备研究团队

"峻极之山，非一石所成；凌云之榭，非一木所构。"为入选领军人才配备以博士或副高级以上专业技术职称且具有较强研究能力和学术水平为主的青年科研团队。吸纳核心人才和托举人才加入团队，助推人才规模化成长。青年科研团队的组建是对单位优势资源进行整合的过程，可以集中力量申请国家自然科学基金重点项目、国家重点研发计划等重大课题，营造浓郁的学术氛围，打造一流的科研团队，促进青年人才潜心研究，专心解决科技问题，有利于业绩成果产出，进而达到培养青年人才的目的。

2. 给予经费资助

给予经费支持，实施团队负责人"一支笔"，给予其充分的自主权。在基本科研业务费资助项目中对各类人才予以重点支持，减轻青年人才的生产任务压力，激励青年科技人才潜心科研，解除后顾之忧。

3. 建立导师制

建立以院士、高端人才、引智专家为导师的培养制度，指导培养中青年人才队伍成长。为促进入选人才的成长，为领军人才分别配备国家级专家、院领导为主的导师，并分别聘请院士或行业内知名专家的导师对团队的成长给予指导。对核心人才和托举人才建立导师制，实施"传帮带"式重点培养，促进青年人才快速成长。

（四）坚持多管齐下，构建协同高效的激励机制

1. 切实提高科研人才待遇水平

给予青年人才在福利待遇和职称晋升等方面的政策倾斜，畅通青年人才的成长渠道，提高人才的收入和待遇。一是建立岗位绩效动态调整

激励机制，不同层次人才对标特定岗位，提高岗位绩效系数，并根据绩效考核管理办法同步执行年度晋级调整，最高不超过对标岗位绩效系数的最高档；二是在岗位聘用时予以优先，对于核心人才、托举人才新获批国家科技项目、取得高质量成果者，建立专业技术岗位直聘通道，直接聘至其专业技术资格相应的岗位。

2. 支持人才挑大梁当主角

入选人才在所级、室级领导选拔时予以重用。以科技项目、国家重大工程为载体，大胆选拔推荐核心人才、托举人才担任治水治江重要项目负责人、国家重大工程项目负责人或技术负责人。同时鼓励各类人才凝练科技成果，优先推荐申报科技奖励，让优秀青年人才在重要岗位、重大项目上得到锻炼培养。

3. 实施创新能力提升计划

支持和鼓励各类人才参加国内外学术交流活动，并按单位相关奖励办法给予相应奖励。鼓励并资助培养人选到国内外一流大学、研究机构研修，不断拓宽培养人选的国际视野、创新思维，提高创新能力和水平。邀请院士、大师、知名专家定期到单位讲学，不断提升各类人才的综合能力。开展青年沙龙、青年博士论坛以及长江源科考等活动，打造良好的学术交流环境，鼓励优秀人才潜心科研攻关、提升科技创新能力。

4. 营造良好氛围，建立宣传机制

加强对优秀人才的典型选树，通过不同渠道、多种形式，大力宣传优秀人才的高水平科技成果和典型事迹，提高各类人才的影响力。树立尊重知识、尊重人才的导向，提升人才的使命感、自豪感、荣誉感、归属感，努力营造良好创新环境和氛围。

十年树木，百年树人。人才的培养非技术攻关，不仅仅在于培养人才的业务能力，更重要的是帮助青年人才提高综合素质，实现人的全面发展。必须从更高的视角、更大的格局来长远谋划，统筹布局科技与人才工作，全力打好人才培养工作"组合拳"，加速构建新时代人才分层次培养体系，形成具有水利特色和竞争优势的人才培养机制，奋力构筑科学有序的人才成长梯队，努力建立水利人才集聚高地和创新高地！

完善创新工作室建设，助推
水文现代化发展

主要完成人：袁静　李俊　马慧　吴晓芊　卓思佳
所在单位：长江水利委员会水文局长江中游水文水资源勘测局

创新是单位持续发展之基、制胜之道，习近平总书记在党的二十大报告中指出，"必须坚持科技是第一生产力、人才是第一资源、创新是第一动力"，强调了创新的重要作用。水文作为国民经济和社会发展的基础性、先导性、公益性事业，是国家水利事业的重要支撑。在大众创业、万众创新的热潮中，作为单位技术创新的重要阵地，近年来，职工创新工作室在水文系统应运而生，长江水利委员会水文局长江中游水文水资源勘测局（以下简称"中游局"）5 个职工创新工作室也在其列。职工创新工作室是提升职工素质的重要平台，是单位开展创新工作的重要载体，是推动单位发展进步的重要动力，具有与生产紧密结合、职工普遍参与的独特优势，可以研发出与生产紧密联系的创新成果，为事业单位打造优秀人才队伍、创造显著经济效益，其发挥的作用得到了管理层和职工的普遍认可，在中游局的水文现代化事业发展中也发挥了重要作用。

创新工作室作为一种新兴的非营利性、非行政组织，其学习型组织与行政组织间的关系，职工创客角色与岗位角色联动、本职工作与创新活动兼容等问题尚未理顺。鉴于创新工作室由建成到建好、由粗放向精细、由影响向促实效的深化进程存在诸多影响因素，迫切需要深入研究、探索和协调发展中面临的问题，规范推进，不断为建设科技创新型的单位储备技能人才和智力资源。为进一步弘扬劳模精神，丰富劳模时代内涵，放大劳模品牌效应，给劳模和职工搭建一个锐意创新、攻坚克难的阵地和发挥作用、展示才能的平台，造就一支学习能力强、创新能力强、业务素质高的职工队伍，本团队通过组织统计问卷、实地走访、座谈了解、听取意见建议等方式，以 5 个不同层级的局属职工创新工作室为研究对象，对创新工作室的工作场所、制度建设、成果产出、资金支持、人员培训、精神传承、示范作用等方面进行深入调研，以便进一步提高工作室创建质量、突出创新实效、放大辐射效应，更好地发挥创新工作室的示范引领作用。

一、中游局 5 个工作室简介

中游局是长江水利委员会水文局下属的具有独立法人资格的公益类正处级事业单位。其主要职责是负责长江干流城陵矶至九江 513 千米、汉江中下游干流宜城至汉口 459 千米、洞庭湖区 2700 平方千米和陆水流域 3950 平方千米范围内的水文观测、水环境监测、河道勘测等基本资料的收集。其下辖 6 个勘测分局、1 个河道勘测中心、7 个生产业务管理部门和 1 个企业中星公司；管辖 41 个水文站、38 个水位站、58 个雨量站、46 个水质监测断面；具有国家甲级水文、水资源调查评价资质、甲级水资源论证资质、甲级测绘资质和国家级计量认证资质，通过了 ISO 9001 国际质量管理体系标准认证。

近年来，中游局始终坚持以习近平新时代中国特色社会主义思想为指导，紧紧围绕服务"四个长江"建设，着眼持续提升服务能力和水平，多措并举，积极推动创新工作室工作向纵深方向发展，助力高质量新发展。目前，中游局有全国水利行业首席技师工作室 1 个，中国农林水利气象系统示范性劳模和工匠人才创新工作室 1 个，长江水利委员会委级科技创新基地 1 个，长江委职工（劳模）创新工作室 1 个，中游局局级创新工作室 1 个。

（一）智慧水文智能控制重点实验室

长江水利委员会智慧水文智能控制重点实验室以中游局为依托单位，是长江水利委员会首批委级科技创新基地试点，2020 年 7 月 8 日正式授牌。创新基地的研究方向为水文测验设备的智能化研发、水文测验方法的准确性研究、水文要素新型感知方法的探索、水质和水生态动态监测技术的研究，涵盖中游局三大产品和专业，即河道、水文和水质。截至2023 年 11 月，智慧水文智能控制重点实验室固定人数约 50 人。

自创建以来，智慧水文智能控制重点实验室陆续完成了"水文测验信号传输与遥测系统的研究""超声波测流及数据处理方法研究""协同一体化高精度水深测量方法研究""雷达测流及数据处理方法研究""水质分析信息化 & 标准化管理平台的研发"等研究课题的研发工作，2023年，5 项课题均已通过验收。

（二）汪卫东首席技师工作室

汪卫东首席技师工作室成立于 2017 年，在第二批全国水利行业首席技师及其工作室评比中获"优秀"等级。工作室设立在中游局江汉分局巡测基地，主要承担技术创新、重点项目攻关、人才培养、技能培训等工作，现有成员 10 人。工作室自组建以来开展了多项技术创新，编制了《兴隆水利枢纽流量率定方案》《全数字超高频雷达测流系统 RISMAR－U 比测试验研究》《ADCP 实测水下断面软件》等，经评审作为工作标准投产应用。

工作室以各级职业技能竞赛为契机，先后组织了多期技能培训，累计培训数千人次，以"师带徒"等"传帮带"培训，培养出"全国技术能手""全国青年岗位能手"多名，多名经工作室培训和指导的职工在各级职业技能竞赛中获奖。

（三）罗兴创新工作室

罗兴创新工作室设立在中游局机关，由全国先进工作者、全国五一劳动奖章获得者、全国技术能手罗兴牵头负责。2022 年复审确认为"长江委职工（劳模）创新工作室"，并获得长江工会通报表扬，2022 年荣获中国农林水利气象系统"示范性劳模和工匠人才创新工作室"称号。罗兴创新工作室大力开展水文测报技术创新活动，现有成员 9 名，均具有大学本科以上学历，涵盖水文水资源、测绘、电子信息工程等专业。

自创建以来，工作室成员梳理"稳准狠"等水文监测中的绝技绝活，对成果进行提炼总结，取得了良好的社会效益和经济效益。

（四）荣新武创新工作室

荣新武创新工作室成立于 2015 年，设立在中游局机关，2022 年复审确认为"长江委职工（劳模）创新工作室"，并获得长江工会通报表扬。荣新武创新工作室主要承担研制、生产、安装、调试水文测验设备的工作，为水文测验及收集水文资料、防汛抗旱提供技术支撑。工作室成员 13 人，涉及水文、计算机技术、无线电、电子信息工程、机械设计、轮机工程等多个专业。

工作室在科技创新领域持续发力，自主研发的测流系统除在长江委系统运用外，还推广至湖北、山东、江西、四川、新疆等 10 多个省份数百个站点，产生的经济效益达数千万元。

（五）付强创新工作室

付强创新工作室创建于 2022 年年初，为中游局局级职工（劳模）创新工作室，由全国五一劳动奖章获得者付强牵头负责。其设立在中游局河道勘测中心，主要承担河道勘测技术拓展革新工作，成员 8 人，包含硕士 3 人，本科 5 人，另有 2 位副高级工程师作为技术指导。

工作室致力于构建新型测量技术体系，解决内陆水体测量技术中的技术难题。

二、调研情况

为获取最为直接全面的研究资料，为后续研究进行准确的分析以及制定完善的建议奠定扎实的基础，本文结合现实情况，专门整理制定出一套较为客观全面的调查问卷。此次问卷调查对象为中游局副科级以上干部及青年职工代表，调查问卷的内容涵盖个人基本情况、创新工作室建设情况、存在问题、解决方案等方面，通过对问题进行反复筛选，力求收集创新工作室存在的问题，梳理解决途径。

本次问卷调查共计发放调查问卷 34 份，回收 34 份，问卷有效率 100%。

三、存在的问题及对应的建议

中游局的创新工作室目前虽然取得一定的成绩，但还存在差距和不足。本文通过加强制度建设、人才培养、交流合作等，一一对应分析，以期对水利系统创新工作室提出可供借鉴的建议，推动创新工作室为水文基层单位现代化的持续创新和发展注入新的活力。

（一）建章立制、规范运行，加强创新工作室政策扶持

1. 现存挑战

（1）中游局的创新工作室中已建有比较完备的制度，包含工作职责、活动流程图、管理制度、工作标准、交流与培训制度、组织机构、成果攻关进度表等，但当前的管理考核机制尚不完善，缺少制度化的持续支持和明确的年度评估标准，创新工作室在资金资源上也略显不足。

（2）各工作室分别从工会、人事劳动等不同的管理口径申报，团队成员存在重叠的情况。劳模和工匠人才创新工作室一般以领衔劳模、工匠的名字命名，当相关人员退休、调动后，更新不够迅速。

2. 改进建议

（1）局内建立健全管理和考核机制，针对不同性质、不同作用和发展阶段，将工作室分为初创型、成长型和建功型，实施年度考核与一星、二星、三星的星级评价体系。评审专家包括工会主席、分管科研的局领导和分管技术的领导等，测评结果按局领导 40%、局党群办 30%、各工作室 30% 的权重进行赋分排序。按照"好""较好""一般""差"四个等次进行评价，每年被评价为"好"的原则上不超过 50%。对表现优异的工作室给予资金支持，激发工作积极性，督促工作室以劳模为引领，以创新为契机，以工作室为平台，争取打造新一批、整改旧一批、升级老一批。

（2）主动争取上级工会以及相关科技、人事部门的政策和资源支持，以弥补创新工作室在科技和资金上的短板。

（3）对于因领衔人退休或者调动等不能继续发挥引领作用的工作室，及时调整并更换有专长、有能力的高技能人才担任新的领衔人，简化更名备案手续。

（二）突出特色、搭建平台，全力激活工作室人才培养功能

1. 现存挑战

（1）工作室内的成员多为兼职，在创新项目上的投入时间受限，缺少有效的行政和经济激励机制，团队成员之间缺乏紧密的行政联系和利益关系，通常是职工在本职工作以外利用业余时间参加活动，导致本职工作与创新活动之间的协调性不足。加之现阶段各部门生产经营任务较重，行政管理中存在较多的考核制度，对于工作室的活动大多数职工负担感重，创新活动的内容和形式较为单一，影响了团队的活力和创造力。

（2）工作室的绩效考核与业务工作区分，导致存在"两张皮"的现象，职工创新工作室与单位组织机构如何交融，"创客"角色与岗位角色如何联动，本职工作与创新活动如何兼容等问题均需要探索研究，影响了创新活动的激励作用。

2. 改进建议

（1）着重打造工作室的独特特色，建立起人才培养的平台，并通过技能培训、技术交流来充分激活其人才培养的职能。充分发挥劳模在提升职工职业道德素质、技术技能素质和创新创优素质上的示范带头作用，扩大"名师带高徒"的项目范围，促进工作室培训与职工技能提升相结合。

（2）重新定义岗位职责，明确团队成员的分工，并建立起有效的激励机制，将创新成果作为晋升和奖励的关键指标，为职工铺设清晰的职业发展道路，从而激发他们的创新动力。

（3）在充分发挥各级工会自身资源优势的基础上，积极争取科技、人事等部门在技术、资金、表彰奖励等方面给予一定的政策支持，力所能及地解决部分事业单位劳模创新工作室自身科技资源和创新资金缺乏、技术研发能力弱等问题。

（三）加强交流、扩大影响，推动创新工作室深入发展

1. 现存挑战

（1）创新工作室在核心工作中的作用尚未充分发挥，技术研发实力需要进一步加强。

（2）产品品牌的构建不够完善，产业化步伐缓慢，创新成果转化为实际应用的速度有待提高。

（3）由于经费使用上的限制，成果的推广和宣传交流显得不足。

2. 改进建议

（1）立足基层一线，坚持问题导向，聚焦单位重点难点工作和实际需求，采用"揭榜"制度，每年设立专项资金，用于关键技术的研究与突破，鼓励局内工作室通过竞争方式参与研发项目，从而提升自主创新能力。在符合财务制度的前提下，明确列支渠道和使用范围，推进创新项目的立项研发。优先支持能提出新思想、新方法、新技术的中青年科技工作者，鼓励开展流域内重大科研问题的研究，鼓励利用中游局的科技基础资源开展相关项目研究。

（2）为加大开展基础性、原创性、前瞻性研究的力度，运用"鲶鱼效应"，促进人才激励创新，凝聚和培养科技人才，设立创新工作室开放研究基金，加强不同劳模创新工作室的相互交流，劳模创新工作室与科研机构、技术院校之间的技术合作，共同推进科技成果的转化和应用。

（3）定期组织各类交流和展示活动，搭建互学互比互看平台，相互学习、充分交流、分享经验，增进不同工作室间的相互学习和合作。对存在示范性工作室盲点的重点实验室进行专项推动，加强培训和分类指导，为他们前往优秀的外部示范性工作室参观学习牵线搭桥，鼓励支持他们参加更高层级示范性工作室的申报和交流展示活动。

（4）精心编写各创新工作室典型材料，宣传先进事迹，加强科技成果的宣传和推广，营造积极的创新氛围，从而提升创新工作室的整体影响力。

近年来，依托创新工作室技术创新的实践经验和创新成果，中游局积极推进水文现代化工作，已初步建立了覆盖全面、精准高效、智能先

进的高质量现代化水文站网，打造了"空天地"一体化水文监测体系。以百年水文站汉口（武汉关）、城陵矶（七里山）为代表的国家基本水文站基本实现了水文全要素、全量程自动监测，水文数据测验、归集、存储和处理全流程自动化、智能化和精准化，建立了智能高效的水文信息监测体系。

据统计，2020 年以来，以 5 个创新工作室为依托，中游局共获发明专利 11 项，实用新型专利 22 项，软件著作权 53 项，水利先进实用技术推广证书 6 项、长江水利委员会水文局创新成果推广 1 项，水利部、湖北省、长江委、水文局等科学技术奖励 26 项，参与编制团体标准、行业标准共 6 项，在全国中文核心期刊和相关科技论坛上发表了技术论文百余篇，促进了中游局的技术进步和人才成长。

凭借卓有成效的创新发展成果，近 5 年来，中游局先后荣获湖北五一劳动奖状、国家技能人才培育突出贡献单位、湖北省文明单位、全国水利文明单位等荣誉，2019—2023 年连续 5 年获得水文局绩效考核先进集体。

四、结语

针对事业单位创新工作室非营利性、非行政组织的特点，本文深入研究、探索和协调发展中面临的问题，从加强创新工作室政策扶持、全力激活工作室人才培养功能、推动创新工作室深入发展等方面梳理相应的激励管理机制，规范推进，不断为建设科技创新型单位储备技能人才和智力资源，以期进一步弘扬劳模精神，丰富劳模时代内涵，放大劳模品牌效应，将工作室打造成锐意创新、攻坚克难的阵地，培养更多高技能人才的沃土，为基层单位的中心工作高质量发展注入强大动力。

水利技能人才培养规律研究

主要完成人：商荷娟　郭朔彤　张旭

所在单位：黄河水利委员会山东黄河河务局

这是一个呼唤人才也造就人才的伟大时代，这是一项汇聚人才也孕育人才的伟大事业。兴水利、除水害，事关人类生存、社会进步，历来是治国安邦的大事要事。特别是党的十八大以来，习近平总书记明确提出了"节水优先、空间均衡、系统治理、两手发力"治水思路，就保障国家水安全、推动长江经济带发展、黄河流域生态保护和高质量发展、推进南水北调后续工程高质量发展等发表了一系列重要讲话，作出了一系列重要指示批示。水利事业的高质量发展，关键在人才，水利技能人才是水利人才队伍的重要组成部分，是水利防汛抢险、工程建设、运行观测、水文勘测、维修养护等水利治理开发的重要实施者，在水利治理开发中居于重要位置，发挥着重要作用。加强水利技能人才成才规律研究，遵循技能人才成才规律，建设一支技能精湛、技艺高超、善打硬仗的水利技能人才队伍，对于促进水利事业高质量发展意义重大。

一、水利技能人才现状

据统计，全国水利在岗职工 77.8 万人。其中，水利专业技术人才 33.7 万人，占比为 43.3%；水利技能人才 27.9 万人，占比为 35.9%。水利基层人才共有 55.8 万人，占比为 71.7%。水利技能人才绝大部分都处于水利基层单位，占基层水利人才队伍的 50%左右。可见，水利技能人才是水利基层单位人才队伍的重要组成部分、中坚力量，承担着水利事业高质量发展的最基础单元实施者、"最后一公里"执行者、最美水利人代表者、最生动故事主演者、最幸福单位建设者的重要职责。所以，加强水利技能人才建设意义重大、至关重要。

二、水利技能人才成才规律

水利技能人才成才规律虽有一般人才成长规律的共性，但因其注重实践操作、注重个人感悟提高、注重言传身教等特质，又具有自身特殊性。本课题组深入水利一线调查分析、与水利技能人才面对面交流，在全面总结水利技能人才成才案例的基础上，提出水利技能人才具有如下规律。

（一）师徒传承成才规律

师徒传承成才规律，是指在水利高技能人才培养过程中，通过师傅言传身教地手把手传授，从而提高徒弟水利技能水平、促使水利高技能人才成才的规律。实践中常常表现为"师徒型人才链"，即名师出高徒、高徒出能手。水利实践证明，传统师徒制是徒弟学习直接经验，尤其是获得隐性经验的学习模式。技能类隐性知识包括个人掌握的技能、技巧、手艺、绝活、诀窍、经验等，这类隐性知识的形成与师傅的个人经验、体会和工作经历密切相关，是个人长期积累和操作感悟的结果，它们高度个体化，深植于个人的行动与经验之中，不易用语言表达与传播，甚至有的操作技能自己也说不清楚，是具体工作中的程序性表现或自动流露。在师徒制这种传统培养模式中，师傅把毕生在特定岗位实践中领悟出的技能、技巧或绝活，通过言传身教、亲手示范传授给徒弟，节省了徒弟盲目探索的时间，缩短了徒弟成才周期。而徒弟得到师傅的点化，在技能提升中少走了弯路，提高了专业技能水平与工作效率。如国家技能人才培育突出贡献个人、山东省首席技师苏金超，近年来把精力放在悉心传艺上，在黄河传统埽工绳扣拴法培训中，他培训的职工能在 50 秒内拴捆 10 个绳扣；在捆抛柳石枕竞赛中，他带领 20 名队员创造了 10 分钟完成长 10 米×1 米的柳石枕捆、抛技术的成绩，工效提高了 3 倍。苏金超所带徒弟中，有 41 人晋升为河道修防工技师，5 人晋升为高级技师；1 人荣获全国技术能手，2 人荣获全国水利技术能手，6 人荣获黄河水利委员会全河技术能手，1 人荣获山东省首席技师。

（二）最佳年龄成才规律

人才的本质特征之一是创造性。人才的创造性与其年龄密切相关。日本学者汤浅把人才创造数量与质量都达到高峰的年龄点与年龄区间称为"最佳创造年龄"。从世界范围看，在一定的历史时期，最佳成才年龄区是相对稳定的。有学者对公元 1500—1960 年全世界 1249 名杰出自然科学家和 1928 项重大科学成果进行统计分析，发现自然科学发明的最佳年龄区是 25～45 岁，峰值为 37 岁。当然，依据专业领域的不同，最佳年龄区也有所不同，如中医、画家等人才一般都大器晚成。因此，本课题组对水利技能人才最佳创造年龄予以了关注。鉴于水利行业的特殊性，水利技能人才不仅需要熟悉掌握水利工程、水文水资源、闸门运行、土木工程等基础知识，还对身体素质有较高要求，能够在水利工程测量、水利工程施工、水利工程抢险等野外一线长时间作业。如 2023 年第九届全国水利行业职业技能竞赛第一名获得者，河南武陟第二河务局河道修防工武世玉，在备考技能竞赛期间，坚持每天起床跑 5 千米，在体能提升上下足功夫，保证了实操项目的"手快、眼准"，为争取优异成绩奠定了基础。所以，水利技能人才"最佳创造年龄"具有行业特殊性。本课题组对山东黄河河务局近年来在全国或者流域机构技能竞赛中获得优异成绩的最佳年龄进行了统计（表 1），得出水利技能人才"最佳创造年龄"一般为 26～35 岁，平均年龄为 29.2 岁。

表 1　山东黄河河务局水利技能人才"最佳创造年龄"统计表

序号	姓　名	竞赛类型及成绩	获奖时间	获奖年龄
1	李　涛	全国水利行业职业技能竞赛冠军	2017 年	28 岁
2	戚　涛	黄河水利委员会全河水工闸门运行工技术比武冠军	2008 年	33 岁
3	亓传周	黄河水利委员会全河水工闸门运行工技术比武冠军	1997 年	26 岁
4	吕　鹏	全国水利行业职业技能竞赛亚军	2018 年	30 岁
5	李兆杰	黄河水利委员会全河水工闸门运行工技术比武亚军	2008 年	30 岁
6	张林轩	黄河水利委员会全河河道修防职业技能竞赛季军	2011 年	28 岁
平均年龄				29.2 岁

（三）共生效应成才规律

共生效应也叫群落效应，是指水利技能人才的成长、涌现通常具有在某一地域、某一单位或者某一群体相对集中的倾向。其具体表现为水利技能人才在某一地域、某一单位或者某一群体"成团""组团"规模化出现。其特征是高能为核、人才团聚、众星捧月。共生效应主要包括三种情况：一是地域效应。所谓人杰地灵，某一地区因为历史传统或其他原因，往往在某一方面产生了大量人才，处在这个地域的人，会比其他地域的人更容易成才。二是时代效应。时势造英雄，不同的历史年代，有不同的需要，从而推动相应领域人才大量产生。三是团队效应。目标科学、结构合理、功能互补、人际关系融洽的团队，有利于一大批成员都取得良好的成就。如在 2017 年中国技能大赛第五届全国水利行业（河道修防工）职业技能竞赛中，全国第一、第三、第四、第五名都出自山东黄河河务局。又如齐河县黄河河务局作为一个县局，涌现出了享受国务院政府特殊津贴专家、全国技术能手、全国水利技能大奖获得者山东省首席技师、全国水利技术能手等一批水利高技能人才，充分显现出了共生效应在一个单位所焕发出的威力。

（四）内因驱动成才规律

纵观水利高技能人才的成长历程，尽管他们职业、工种、年龄各不相同，成才经历各异，但他们具有一个共同点，就是能够树立正确的人生观和价值观，具有强烈的求知欲和积极的进取精神，具有吃苦耐劳、脚踏实地的实干精神，具有良好的持之以恒的自我学习、自我提高能力，这是支撑他们成功的最重要因素。高技能人才首先表现为高素质、高水平，个人的积极性和主动性是高技能人才成长的内因动力。没有个体的自觉与努力，任何成就也不会取得。如东平湖管理局梁山管理局技术工人张洪昌，把发扬光大传统治黄技术作为事业执着追求，奔走于黄河两岸，多次拜师于老专家、老河工、"老黄河"，拯救濒临绝迹的治黄绝技，并不断发扬光大，实现了把传统治黄"绝技"再现于治黄实践的人生目标。正是由于他树立了正确的信念，且具有持之以恒的学习动力，并结合黄河防洪新形势、新要求，把传统技术、传统技能纳入到机械抢险、科技治黄的新技术中去，形成了一套行之有效的技能特长，才成长为山东黄河技术工人队伍中首位中华技能大奖获得者，并享受国务院政府特殊津贴。

（五）一线岗位成才规律

水利高技能人才是和特定岗位特别是生产一线岗位相联系的，如果离开了生产一线岗位，其也就失去了存在的基础。水利技能其实就是一种经验、体会、感知的积累，缺乏一线岗位实践锻炼，仅靠书本知识和空洞理论，成就不了水利高技能人才。犹如北宋欧阳修写的《卖油翁》，只有像卖油翁酌油一样，长期反复苦练，才能熟能生巧。水利技能的积累和提升，同样需要一线生产岗位的实际训练与个人感悟，而且必须个人亲自操作，在反复的实践、操作、训练过程中，运用和验证理论知识，提升实际操作技能。因此，水利高技能人才的培养，必须发挥一线生产岗位的主体作用。首先，只有单位为水利技术工人提供水利生产一线岗位，这是水利技术工人成才的基础条件；其次，还要使水利技能人才在一线生产岗位相对固定一定时期，不能频繁变换岗位，才能慢慢积累起丰富的实践操作经验。如国务院政府特殊津贴、国家技能人才培育突出贡献个人、全国五一劳动奖章、全国水利行业首席技师、山东省首席技师等荣誉于一身的亓传周，其高超的业务能力源于立足一线生产岗位的多年勤学苦练。从 1989 年参加工作起，他就奋战在基层一线岗位——菏泽郓城县苏阁引黄闸，30 多年来坚持学习闸门运行、电工、机械、水工制图、自动化控制等技术，熟悉掌握了闸门运行的各种技能技巧。在 1997 年黄河水利委员会举办的水工闸门运行工技术比武中，亓传周获得第一名，被评为技术能手，破格晋升为技师，并被选派参加第一届全国水利行业职业技能大赛，在多次闸门运行技能竞赛中取得优异成绩，他已因此成长为全国引水闸门运行的技能专家代表。

（六）技能用进废退成才规律

根据水利高技能人才成长轨迹可以发现，水利技能总是在克服一系列生产难题、攻克一道道技术难关中逐步提高的。要想多出人才，除了要设关键技能岗位，还要给技能人才压担子、给任务、定目标，使其进行水利技术攻关，排除运行故障，解决一线生产难题。一道道难关，一个个故障，对于技能人才来说，就是一次次提高技能的"淬火"。只有千锤百炼，才会使其在磨炼中得到成长，成为具有一技之长的高技能人才。如黄河菏泽段是著名的"豆腐腰"，土质差，易摆动，为黄河山东段著名的游荡型河段，水流宽浅散乱，河势变化大，主流摆动频繁，易出现横河、斜河、滚河险情；河道上宽下窄，比降上陡下缓，排洪能力上大下小，中小洪水时出险概率高，常出现大堤偎水、管涌、险工、控导工程坍塌、墩蛰等险情。长期以来，在各类险情工程抢险中，一方面，菏泽黄河河务局敢于给技术工人压担子、挑重担、攻难关；另一方面，大量的河道抢险实践机会，也培养造就了一大批具有丰富抗洪抢险经验的水利高技能人才。如苏金超，长期的河道抢险经验积累，使他精通多种防汛抢险技术，多次担任防汛抢险现场指挥，成功指导抢护了郓城县杨集上延 6 号坝、大汶河 4 号坝、东明县黄河秋汛等 20 余次险情。他带领的机动抢险队在历次省河务局、市河务局防汛抢险技术比武和实战演习中名列前茅，2004 年取得了山东黄河河务局防汛抢险技能竞赛第一名。其本人先后获得全国水利技能大奖、山东省首席技师、全国水利技术能手等奖项或荣誉，被山东省人民政府记个人二等功。

（七）技能比赛促进成才规律

水利技能竞赛既是提高个人技能的一种有效形式，也是成功者的晋升阶梯。一方面，参赛者要在赛前进行精心准备，学理论、练技能、强操作，促使水利技能人才有针对性地学技术、练技能，赛后进行反思，总结比赛中的经验和教训，进一步提升技能，实现飞跃；另一方面，技能比赛往往既重视实践也重视理论，既考核技术技能也考查耐心、耐力，既考验身体素质又考验心理素质，是对参赛者的全方位技术技能的大检验。实践证明，从大赛中脱颖而出的人才大多成了技术骨干。因此，重视技能比赛的促进作用，建立技能比赛、技术比武的长效机制，可以进一步拓宽高技能人才成长道路。如近年来，山东黄河河务局把开展技能竞赛作为促进技术工人成长、提高工人队伍素质的重要手段，每年坚持开展技能竞赛、技术比武、技能演练等活动，相继开展了山东黄河防汛抢险技能竞赛、维修养护技术比武、河道修防技能大比武、水工闸门运行工技能竞赛、通信技术技能竞赛等，对比赛中涌现的技术能手予以命名表彰和物质奖励。对于在竞赛中脱颖而出的优秀选手，再推荐参加全国水利行业技能竞赛、技能比武、技能人才评选等。全局先后有 3 人享受国务院政府特殊津贴，1 人荣获中华技能大奖，2 人被评为国家技能人才培育突出贡献个人，8 人被评为全国技术能手，4 人荣获全国水利技能大奖，7 人被评为全国水利技术能手，4 人被评为全国水利行业首席技师，2 人荣获全国五一劳动奖章，1 人被评为泰山产业领军人才（产业技能类），60 余人次被评为山东省创新能手、齐鲁大工匠等其他省部级荣誉，充分营造了技术工人学技术、学技能、比成绩、比贡献的良好氛围。

（八）人才成长金字塔规律

高技能人才作为技术工人中的佼佼者，也来自普通技术工人队伍。就像金字塔一样，要达到一定的高端人才规模，就必须保证一定的基础规模，使技能人才的不同等级保持合理的结构比例。只有逐步提高整个技术工人队伍的综合素质，着力培养出大批量的熟练技术工人，才会促进高技能人才的大量涌现，如 2021 年山东黄河河务局举办基层管理段长轮训班，对 117 名一线技能人才进行轮训，有力促进了高技能人才的成长。同时高技能人才队伍的壮大，又会拉动技术工人队伍素质的普遍提升。以山东黄河河务局技术工人队伍为例，2010 年年底拥有技术工人4515 人，2015 年年底拥有技术工人 3216 人，2020 年年底拥有技术工人2236 人。技术工人塔基的逐年减少，在一定程度上影响了水利高技能人才的成长和发展。

三、遵循水利技能人才成才规律，推进水利技能人才队伍建设

综上所述，水利技能人才的成长既具备人才成长的一般规律，又因水利行业所独有的特质，而具有水利技能人才成才的特殊性。基于此，遵循水利技能人才成长规律，有针对性地加强水利技能人才建设，努力建设一支技艺精湛、作风过硬、能打胜仗的高技能人才队伍，意义重大。

（一）深入推进新型"师带徒"活动

"师带徒"活动已被实践证明是一种行之有效的培养水利技能人才的科学路径。在水利技能人才培养中，要遵循师徒传承成才规律，充分发挥水利高技能人才的引领示范带动作用，在更大范围内、更广层面上开展新型"师带徒"活动，打破以往只在技术工人中开展"师带徒"的限制，把专业技术人员纳入到带徒传技中来，解决基层岗位技术断层和经验失传等问题，把治水实践操作、实践演练、生产实践中形成的真传、绝技、绝学，通过"师带徒"等传承方式，一代代发扬继承下去。

（1）抓难点，丰富和完善师徒协议书，对师徒的"责、权、利"作出明确规定，制定明确的培训计划和目标，并在实际工作中进行跟踪、测评、考核、评比。对于合同期间徒弟在工作上所发生的事故，师傅将承担对等责任；对徒弟在工作中因成绩突出所取得的奖励，师傅也应对等享受。

（2）抓热点，采取争创名师带高徒等活动，秉承"师道传承"理念，对优秀师徒搭档进行评选表彰，在工作中营造比、学、赶、帮、超的学习氛围。

（3）抓亮点，充分发挥先进导向作用，将"师带徒"活动效果纳入各类人才评比中，充分发挥优秀典型的师徒在不同岗位上的示范带头作用，激励职工主动学习新技术，钻研新业务。

（二）注重加强青年水利技能人才建设

青年水利技能人才是水利事业高质量发展的生力军，青年水利技能

人才素质高低也影响着水利事业的发展，加强青年水利技能人才建设既非常重要也非常紧迫。基于水利技能人才"最佳创造年龄"一般为26～35岁的成才规律，要发挥好青年水利技能人才的"最佳创造年龄"优势，切实加强青年水利技能人才建设，充分调动起其干事创业的工作热情。

（1）把青年水利技能人才作为技能培训的重点。在技能人才培训计划中，要突出加强青年水利技能人才培训，根据青年水利技能人才学历水平低、多为复退军人等特点，深入学习水利知识理论，促使他们掌握水工、水文水资源、工程测量、工程施工、维修养护等水利理论知识，为今后提高技术技能水平奠定理论基础。

（2）把一线生产实践作为青年水利技能人才成才的主战场，采取压担子、压项目、压任务等方式，使其成为一线水利事业的业务骨干。

（3）把青年水利技能人才作为"师带徒"的重点对象，通过名师带名徒的方式，加速其成长成才。

（三）加强水利技能人才队伍顶层设计

要遵循共生效应成才规律、一线岗位成才规律，结合本单位承担的职责或者本行业高技能人才的实际情况，有针对性地加强水利技能人才队伍的顶层设计，方能营造出高技能人才脱颖而出的良性机制。根据共生效应成才规律，在人才培养上，应注意探索共生效应的内在机制，以利于大批量发现和培养人才，如在水文单位或者水文行业，可重点部署水文勘测工方面的高技能人才，以利于水文勘测工人才的"成团"出现。根据一线岗位成才规律，应结合各单位承担的主业主责，有侧重、有重点地培养造就高技能人才，如在黄河菏泽段、东平湖、黄河入海口等防洪工程易出险情的单位，可重点培养河道修防工类的防汛抢险高技能人才。在引水涵闸等供水生产任务重的单位，可重点培养水工闸门运行工类的高技能人才。在水利施工企业等单位，可重点培养水工混凝土维修工、水工土石维修工等方面的高技能人才，以利于发挥水利高技能人才的引领示范作用，带动更多的技术工人走技能成才报国之路。

（四）大力推进岗位练兵和技能竞赛活动

实践证明，岗位练兵和技能竞赛活动是有效促进水利技能人才队伍建设的重要举措。应遵循水利技能比赛促进成才的规律，结合本单位、本行业技术工人队伍的特点，大力开展岗位练兵和技能竞赛活动。注重以赛促学、以赛促训，通过竞赛选拔优秀青年技术技能骨干，作为后备人才进行重点培养。平均1~2年，选择一个主力工种举办大型职业技能竞赛活动，充分调动青年技能人才学技术、练技能的积极性。积极推荐水利高技能人才参加省部级、国家级技术能手、首席技师、有突出贡献技师等评选，发挥引领示范作用。加大宣传表彰优秀技能人才力度，通过水利高技能人才宣讲会、高技能人才先进事迹报告会等形式，进一步宣传高技能人才先进事迹，努力营造"尊重劳动、尊重知识、尊重人才、尊重创造"的良好氛围。

（五）高度重视水利首席技师工作室建设

水利首席技师工作室是发挥高技能人才集体智慧，进行技术革新、交流提高技术技能的重要平台。遵循水利技能用进废退成才规律，水利行业各单位应大力开展水利行业首席技师工作室建设，坚持专业理论知识与实践技能操作相结合，发挥好水利行业首席技师工作室理论学习、技能练兵、技术革新、技术创造的作用，围绕提高工作效率、降低生产管理成本、节能减排、安全生产等生产技术难题，组织开展技术攻关、技术改造、技术革新，进行技能培训、技术创新、科学研究、学习交流，研究解决一线生产难题问题，并在一线生产中推广先进适用技术，推广新材料、新工艺、新方法，加快科技成果转化，最大限度地影响和带动广大职工提升技术技能水平，打造一支爱党报国、敬业奉献、技艺精湛、素质优良、规模适中、结构合理，与推动新阶段水利高质量发展相匹配的水利技能人才队伍。

（六）保持适度的水利技能人才队伍总量

依据人才成长金字塔规律，要想培养出脱颖而出的水利高技能人才，必须保持适度合理的水利技能人才规模。否则，水利高技能人才就会因为没有必需的技术工人队伍作为"塔基"，而成为无源之水、无本之木。近年来，流域机构存在的技能人才队伍退休多补充少、技能人才队伍老化等问题，必须引起高度重视。否则，会影响水利技能人才队伍的永续发展。当然，各个单位应当保持多少技术工人队伍总量，应根据各个单位的实际情况，结合岗位职责，有针对性地进行专门研究。建议进一步推动技术技能岗位融合，贯通专业技术岗位和工勤技能岗位，打破身份界限，按岗聘用。尤其是针对偏远地区和艰苦岗位，可以考虑与水利职业院校合作，开展订单式培养，为水利一线补充稳定的实用型技术技能人才。同时制定激励政策，鼓励招聘水利职业院校专科毕业学生或者本科以上大学生到技能岗位工作，保持规模合理的技能人才队伍。

加强新时代黄河基层单位高层次人才队伍建设的思考

主要完成人：张武欣　石迎梅　王佳　张洋

所在单位：郑州黄河河务局巩义黄河河务局

一、引言

当今世界处于百年未有之大变局，新一轮科技革命和产业变革突飞猛进。习近平总书记"节水优先、空间均衡、系统治理、两手发力"治水思路，将水利高质量发展推向新的阶段。"黄河生态保护和高质量发展"国家战略，将黄河现代化治理带上新的高度。面对百年未有的机遇与挑战，实施"人才强国"战略，坚持人才是第一战略资源，是我们新时代的伟大使命。

《黄河生态保护和高质量发展规划纲要》指出，推动黄河流域生态保护和高质量发展，具有深远历史意义和重大战略意义。保护好黄河流域生态环境，促进沿黄地区经济高质量发展，是协调黄河水沙关系、缓解水资源供需矛盾、保障黄河安澜的迫切需要。黄河水利委员会是隶属于水利部的黄河治理与开发的管理机构，肩负着黄河长治久安、造福人民的重任。黄河水利委员会下属的河务局等单位，又拥有众多的县、市级基层单位，分布在黄河两岸。黄河基层单位直接面对黄河洪水风险、水资源短缺及生态安全风险，是黄河生态保护和高质量发展的亲历者、践行者，是实现黄河治理目标的重要见证者。

基层单位位于黄河治理与开发的前沿阵地，其人才队伍特别是高层次人才队伍是推动黄河流域科学治理、环境保护和经济社会发展的重要力量，既是黄河生态保护和高质量发展战略的重要组成部分，也是推进国家"人才强国"战略实施的重要保障。高层次人才的引进与培养，不仅能为黄河流域的生态保护和经济发展注入新动力，提供新的思维方式和解决问题的策略，也能在治理体系和治理能力现代化进程中发挥关键的作用，推动治理体系的创新和完善。高层次人才能够将最新的科学理念、技术和方法以及先进知识、经验和技能，引入到黄河流域的治理实践中，充分发挥科技引领作用，激发创新活力和创造力，大力推动和提高黄河高质量发展进程，尽早实现把黄河变成造福人民幸福河的愿望。

黄河流域为我国的重要水源和生态屏障，黄河面临的洪水威胁、环境保护及可持续发展的挑战日趋严峻。黄河基层单位面临的任务更加艰巨，迫切需要着力构建一支结构优化、素质优良的高层次人才队伍，以适应新的需求。建设高层次人才队伍，不能仅仅满足于传统的人才培养和引进方式，而应更加注重人才的全面发展，提升他们的创新能力和解决实际问题的能力。只有这样，我们才能在新的历史条件下，更好地发挥黄河基层单位高层次人才队伍的重要作用，推动黄河流域的科学治理和可持续发展。

本文将以黄河水利委员会下属的县、市级基层河务局为例，深入探讨当前基层单位高层次人才队伍建设存在的问题、产生问题的根源以及优化人才队伍建设的路径，以期为黄河生态保护与高质量发展提供智力源泉与科技支撑。

二、黄河基层单位高层次人才队伍建设存在的问题

黄河基层单位担负着黄河防汛抢险、工程管理与建设、运行观测等主要任务，职工专业技术的高低会对治黄事业的发展起到关键作用。近年来，黄河流域的生态保护和经济快速发展，急需多专业学科的高层次人才，政府也通过提供优惠政策、增加投资、改善生产生活条件等来吸引和留住这些人才。但对于当前基层单位来说，高层次人才队伍建设仍存在很多问题。

（1）基层单位的高层次人才的专业背景较为单一、知识面相对较窄，高、精、尖复合型人才的数量严重匮乏。当前黄河基层单位中多数人才主要来自水利水电、土木建筑等理工科专业，经济管理、法律、外语等

方面的人才占比较低，这在一定程度上导致了人才队伍的专业倾向性过强。

在 2024 年度黄河水利委员会事业单位公开招聘中，168 个岗位计划招录水利、土木等工程类理工科专业 143 个，占比约为 85%；计划招录管理岗位 17 个，占比仅约 10%；无法律、外语等专业岗位的招录计划。这使得基层单位面临复杂问题和挑战时，缺乏全面的学科知识和视角，不利于应对多样化的工作需求，影响单位的工作效率及效果。而且基层单位的人才学历偏低，全日制本科及以上学历和高级工程师等职称的人才数量偏少，以基层单位巩义黄河河务局为例，全日制本科职工仅占 20% 左右，研究生及以上的高学历人才不到 10%，且该局目前还没有高级工程师。复合型人才的匮乏不仅限制了单位内部的创新能力和解决问题的能力，加大了工作难度，而且制约了其科学治理和可持续发展的步伐。

（2）高端人才流失严重，缺乏留住人才、培养人才的土壤。近年来，基层黄河单位通过公开招聘和校园招聘吸纳了一批高学历、多专业化的人才，但由于高层次人才的岗位分配存在专业与职能不匹配、学习培训缺乏针对性等情况，致使他们的专长和技能并未得到充分发挥和运用，无法及时更新知识和技能，很大程度上削弱了他们的工作积极性，影响高层次人才的留任意愿。此外，基层单位的发展平台受到限制，无法提供充足的个人提升空间和晋升机会，使得部分年轻职工选择继续深造或是考取公务员等其他更具发展潜力的职业道路。人员更新过快，会导致工作交接不完善、职责不明确，甚至导致知识和技能断层，降低工作效率和工作质量。

三、黄河基层单位高层次人才队伍建设问题产生的原因

（一）高层次人才优化的体制机制不灵活

（1）黄河基层单位高层次人才引进过程中缺乏柔性引进机制，存在明显的"学历偏向性"，主要聚焦于水利水电工程、土木水利等专业背景的人才，且多以重点水利高校毕业生为主要招聘对象，在一定程度上形

成了隐形门槛，限制了人才引进的范围，忽略了其他专业人才的重要性。此外，在新职工入职培训过程中过于重视理论学习，对水利专业人才的实践能力培养不足。

（2）基层单位的人才激励机制不完善，未形成良性的人才竞争氛围，不同能力层次的人才在同等条件的工作环境中绩效考核、薪酬待遇、服务保障水平、发展空间等相差不大，往往注重资历而非能力和业绩，对名校毕业生、高层次人才的吸引力不足。

（3）多数年轻职工在进入基层单位后，因工作性质等方面的影响，跨部门、跨领域交流学习的机会较少，综合能力提升较慢；加之个别基层单位存在限制人才流动、人才阻拦等现象，制约了高层次人才的高效流动。

（二）高层次人才发展内生动力不足

（1）部分基层单位引进的高层次人才，由于拥有较高学历或毕业于重点高校，往往存在一定的优越感和自满情绪。这些高层次人才不能及时适应身份的转变，不能正确认识自身与单位、同事的关系，对继续学习的重要性理解不足，实践经验与专业知识的匮乏、专业知识面较窄、对黄河流域的专业知识与历史文化缺乏全面深入的了解，加之开拓进取精神不足，致使他们在工作方式上较为单一，缺乏新思路和新方法，制约了他们更好地适应基层单位的工作要求。

（2）基层单位中部分工龄较长的老职工存在思想懈怠的问题，他们长期安于现状，工作主动性和创新意识较差，工作效率低下，不利于激发单位内部职工的工作积极性。

四、优化黄河基层单位高层次人才队伍建设的路径

黄河，作为中华民族的母亲河，承载着中华民族悠久的历史和灿烂的文明。在新的历史时期，我们面临着如何高质量保护和发展母亲河的重任，这不仅关乎黄河流域的生态环境和经济发展，更直接关系到中华民族伟大复兴的实现。"人才战略"、高层次人才是实现这一使

命的关键因素。高层次人才对黄河基层单位尤为重要，只有不断优化高层次人才结构，提升人才质量，引进和培养一批具有前瞻性思维、创新精神和实践能力的高层次人才，才能更好地建设黄河基层单位高层次人才队伍，为实现黄河流域的生态、经济和社会的和谐统一提供第一资源。

（一）优化高层次人才结构

优化人才结构是高层次人才队伍建设的重要环节。新时代黄河基层单位的建设要提高对高层次人才重要性的认识，将人才队伍建设置于优先发展的位置。

（1）黄河基层单位在人才引进和公开招考时要主动对标原型黄河、模型黄河、数字黄河的建设，制定精细化的专业分类，扩大引进范围，注重计算机、经济管理、法律、英语等专业性、多元化的人才选拔，满足黄河治理与开发的多元化需求。在选拔过程中既要重视评估高层次人才现有的能力水平，也要关注其开发潜力，实现人尽其才、才尽其用。

（2）充分发挥现代化技术优势，建立关于高层次人才信息技术的数据库。可以借鉴大中型优秀企业或是省级单位在人力资源管理上的成功经验，实现人才的及时更新和优化，动态化分门别类整理人才信息，为管理者提供准确的信息支持，实现专业人才任专岗，适时进行人才调度使用，深入发掘人才价值，提升黄河建设的质量和效率。

（二）强化人才队伍培训机制

人才队伍的高效培训机制是建设高层次人才队伍的关键。黄河基层单位在人才培养方面应突破传统培养模式的桎梏，以黄河流域独有的自然地理环境、历史文化底蕴、社会经济发展为背景，培养一批理论素养扎实、技术水平高超、政策把握准确、实战能力强的复合型人才。

首先，在内部培训时，黄河基层单位应注重理论知识与实践知识的有机结合，新入职的职工在接受黄河文化、黄河历史以及黄河河情的初步理论教育后，应深入到基层一线班组实地参观操作，亲身接触和了解河防工程建设、运行监测、河势变化等方面的知识，使他们能在实际操作中获得最直观的感知。同时，应制定专业化和个性化的培训方案和管理制度，明确培训考核标准，做到"有例可依，有例可循"。其次，应充分利用现代教育技术和手段，如远程教育和网络学习平台等，建立起符合新时代要求的人才培养和继续教育体系，定期组织人才学习水利行业中前沿的科学技术，例如黄河治理与保护所需的"天空地"观测关键技术和感知设备等，鼓励职工继续教育，考取在职硕士甚至在职博士，使他们在复杂多变的工作环境中保持高效的工作能力。此外，还应加强与高等院校、科研所的合作，开展联合培养项目，聘请专业的教师和研究员为职工提供数字化、黄河历史文化、工程建设等各方面的专业咨询和指导，有效弥补人才队伍建设的短板，为黄河基层单位的发展注入新的活力。

（三）优化人才队伍激励措施

优化人才队伍激励机制是保障高层次人才队伍稳定和发展的关键。对于黄河基层单位，应创新人才激励措施，建立公正合理的绩效考核评价机制，依据不同部门的业务表现和人才贡献给予相应的奖励及评优评先的机会，针对科技项目创新、水行政执法等不同业务提供不同的奖励，避免出现重资历轻业绩的情况，让每个职工都能在公平公正的环境中获得应得的回报。同时也要注重高层次人才发展的个性需求，为新入职的人才提供持续学习的机会，加强不同业务部门、单位之间的交流合作，鼓励基层人员继续深造，到更高层次的专业院校获取相关水利知识，拓宽知识面。此外，树立全单位的纪律意识与规范意识，培养新入职工的责任意识，避免产生不良心态，强化老职工的思想意识，保持工作热情，充分发挥老一辈治黄工作者的核心阵地作用，利用他们的经验优势带动青年职工积极投身治黄事业，同时年轻职工也要带动老职工与时俱进，共同探索新时代治黄思路和方法，形成"老带新，新扶老"的互助体制，充分激发高层次人才的创新活力和创造潜力，推动基层单位的人才队伍建设良性发展。

五、结语

高层次人才具有稀缺性和不可替代性。在黄河基层单位高层次人才队伍建设中，科学调整和优化人才队伍结构，明确各类专业人才比例和作用，建立完善的培训体系，实施因材施策、一人一策等措施，可有效提升基层单位的核心竞争力，提高高层次人才整体建设水平。基层单位人才建设是一项复杂的系统工程，需要长期的努力，不断探索与实践，这也是全社会高质量发展的共同任务。新时代黄河基层单位的高层次人才，不仅是推进我国"江河战略"的实施、黄河生态保护和高质量发展的第一资源，也是新时代治水的人才保障。同时，也是我国"人才强国"战略的重要组成部分，对于应对世界百年未有之大变局的机遇与挑战，实现中华民族的伟大复兴，具有重要意义。

以水利系统高技能人才队伍建设助推水利建设高质量发展研究

主要完成人：程继承　徐靖　张耀飞　田向党　谢伟华

所在单位：三门峡黄河明珠（集团）有限公司

一、引言

（一）背景

水利建设作为国家基础设施的重要组成部分，在党的二十大指导下，迎来了更为广阔和深刻的发展机遇。随着社会经济的不断发展，水利系统不仅要应对传统的农业生产、防洪减灾等任务，还需要满足新时代城市发展、生态保护等更为复杂多样的需求。这使得水利系统在面对日益严峻的水资源管理挑战时，必须加强技术创新和人才培养。

在推动水利建设高质量发展的过程中，培养高技能人才成为关键因素。党的二十大提出了建设现代化经济体系和实施创新驱动发展战略的要求，要求水利系统不仅要适应当前需求，还要具备未来发展的创新能力。因此，急需培养具备领先水平的高技能人才，他们将成为推动水利系统在技术创新、工程管理等领域取得更显著成就的关键力量。通过深化人才培养机制、加强科研与实践结合，水利建设将更好地适应新时代要求，为国家可持续发展贡献更大力量。

（二）目的和意义

党的二十大明确了新时代中国特色社会主义事业总体布局，对水利建设提出新使命。高技能人才在此背景下显得至关重要。他们不仅能够推动水利工程的创新和质量提升，更能适应新时代经济社会的需求，为我国水利事业的可持续发展注入强大动力。党的二十大为高技能人才参与水利建设提供了明确的指导和战略方向，使其在推动水利建设高质量发展中发挥更为关键的作用。

本文旨在深入研究水利系统高技能人才队伍建设的重要性，通过系统性的分析，提出可行的战略和措施，以促进水利建设的高质量发展。通过高技能人才的培养，推动水利系统在科技创新、工程管理等方面取得更为显著的成果，提高水利建设的整体水平。

二、水利建设的现状和挑战

（一）水资源管理压力大

随着全球人口的不断增长和工业化进程的迅速推进，水资源管理面临空前的挑战。人口的急剧增加导致对饮水、农业和工业用水的需求激增，使得原本有限的水资源供应面临着日益严峻的考验。工业化的加速发展不仅加大了水资源的消耗，而且工业排放和污染对水体质量构成威胁，加剧了水资源管理的复杂性。

在这一背景下，科学合理地配置和利用水资源成为当务之急。需要建立全面高效的水资源管理体系，通过技术创新、智能化系统以及跨部门协同努力，实现对水资源的精准监测、有效调配和可持续利用。此外，在水利工程领域，高技能人才还能推动工程的创新，提高抗灾能力，减少对生态环境的不良影响。通过科技手段，他们能够研发高效的水资源利用方案，引领水利工程向可持续发展方向迈进。因此，培养和引进更多高技能人才，激发其创造力和创新精神，将为解决水资源管理问题提供更为可行和有效的解决方案，为水利建设高质量发展注入源源不断的活力。

（二）技术创新的需求更为迫切

新一轮科技革命和产业变革为水利工程领域带来了前所未有的发展机遇。随着数字化、智能化技术的不断成熟，水利工程领域涌现出一系列创新技术和先进管理方法，如远程监测、大数据分析、人工智能应用等。这些技术不仅提升了水利建设的智能化水平，也为工程设计、施工和运维提供了更为科学精准的解决方案。推动技术创新对于提高水利建设的质量和效率至关重要。通过不断引入新技术，水利系统能够更好地适应不断变化的自然环境和社会需求，实现工程的可持续发展。

高技能人才在这一背景下显得尤为关键。他们具备前沿科技知识和创新精神，能够推动水利工程技术的快速升级。通过引入数字化、智能化技术，高技能人才能够开发出更为智能、高效、可持续的水利工程方案。他们致力于结合先进的传感器技术、大数据分析和人工智能应用，实现水利系统的智能化管理和运维，从而提高水利建设的质量和效率。高技能人才的参与使水利工程得以紧跟科技潮流，为水资源的科学管理提供了切实可行的技术支持。

（三）水资源治理存在城乡差异

城乡差异是当前水资源利用和管理面临的一项重要挑战。城市和农村在用水需求、管理体制、工程规模等方面存在显著不同。因此，如何在不同背景下满足各地区的水利建设需求成为迫切需要解决的问题。在城市，需要注重强化水源保护、提高供水质量，以支持城市化进程和经济发展。而在农村，需关注农田灌溉、农业生产对水的需求，确保农村可持续发展。因此，制定差异化的水资源管理策略，结合当地特色，推动城乡水利建设有机衔接，是当前迫切需要完成的一项重大课题。通过科学规划和资源整合，可以实现城乡水利建设的协调发展，促进水资源的公平合理利用。

在城市，高技能人才可通过技术手段优化供水系统，改善水质监控方法，实现智能用水管理，以适应城市发展需求。而在农村，高技能人才则能够提供智能化农田灌溉方案，发展节水农业技术，推动农业水资源的高效利用。通过培养更多的高技能人才，特别是在解决城乡差异问题上具备跨领域综合能力的人才，可以更好地推动城乡水利建设的整体规划和协同发展，实现水资源在全社会的可持续利用。高技能人才的介入将促使水利工程更好地服务于城乡共同发展的大局。

三、水利系统高技能人才队伍现状

（一）高技能人才结构和分布不均衡

当前水利系统高技能人才的结构和分布情况涉及多个层面。首先，人才结构在专业领域的广度和深度上存在一定差异，有些领域或技术的人才相对匮乏，影响了水利系统整体的创新力和应对复杂问题的能力。其次，地域分布也存在不均衡，导致一些地区在关键领域缺乏足够的技术支持。人才队伍中的老龄化问题也不容忽视，年轻一代高技能人才的相对匮乏影响了团队的稳健性和长远发展。

目前，我国水利高技能人才建设面临的形势比较严峻，部直属单位技师和高级技师仅占技术工人总数的 8.29%；地方水利系统技师和高级技师仅占技术工人总数的 2.47%；水利行业特有工种技师和高级技师占特有工种技术工人总数不足 2%。我国《"十四五"水利人才队伍建设规划》也提出，力争在"十四五"末期将技能人才技师以上资格比例提高到 18% 以上。

根据水利单位近年来的人才培养情况分析，各单位高技能人才队伍数量和质量均存在发展不均衡现象，年龄层次未形成阶梯形结构，领军型、创新型高技能人才不足，成为制约水利事业发展的瓶颈。

（二）高技能人才培养、评价、激励机制不足

当前，我国水利系统面临高技能人才培养不足的问题。学校与企业之间缺乏有效的沟通和合作机制，导致学校培养的高技能人才与市场需求脱节。缺少"校企对接"的信息渠道和交流平台，学校专业设置滞后于市场需求，使得毕业生在就业市场上面临困境。同时，部分企业对职业技能培训缺乏足够的动力，影响了高技能人才实际能力的提升。

科学的评价机制不足，技术与技能人才贯通发展的政策还不完全到位，人才评价方法单一，重复评价现象严重，缺乏科学规范的管理，导致权威性和代表性不强，影响了人才工作的积极性。一些技能认定标准与企业需求脱节，优秀的高技术、高技能人才的职称评审、技能认定、

晋升等方面渠道不畅通，人才评价方法不统一，重复评价或认定，使得高技能人才在职业发展过程中面临不确定性，也阻碍了他们更好地为水利系统发挥作用。

社会发展突飞猛进，人才结构的改变，技术变革和技能替代的持续演进，推动企业生产组织和工作方式的不断发展变化，逐步弥合了管理人才、技术人才和技能人才之间的鸿沟，亟须改革人才评价模式，打造一支能征善战、技术技能融会贯通、符合时代发展要求的新一代人才队伍。

近年来，数字技术、智能制造技术、工业机器人和工业互联网技术的应用，改变了传统的作业方式，生产和服务的联系也变得更加紧密，这些变革需要技师能够理解和掌握工程人员的技术要求，工程师能够理解和掌握生产过程的技能要求，包括技师和工程师在内的生产线现场人员必须拥有与客户顺畅沟通等市场营销技能。这一变革客观上要求必须打通管理人才、技术人才和技能人才的发展通道，打造新一代技术技能人才，才能更好地满足安全生产和未来发展的要求。

新技术的广泛应用，在生产服务业、生活服务业和生产制造业中催生了大批新职业，这些新职业普遍表现出技术技能融合发展的特点，职业分类结构正在朝着纵向贯通和横向互联的方向演变。贯通技术人才和技能人才的职业发展通道，成为当下最迫切的需要和时代潮流。

激励机制方面也存在明显问题。虽然一些地方对优秀的首席技师等高技能人才给予了表彰奖励，但连续性不强。不少企业对技能型人才的等级设置不规范，对高技能领军人才的重视不够，导致人才上升通道有限。建立更为连续、有吸引力的薪酬与激励机制将有助于激发高技能人才的创新活力，提高其在水利建设中的投入和效能。

（三）高技能人才总量不足

高技能人才总量不足是当前水利系统内部一大深层次问题。首先，学校与企业之间的合作机制不完善，产业学院建设与运行机制不顺畅，导致高技能人才的培养与引进难以跟上市场需求的快速变化。这不仅体现在人才数量上的不足，更表现在专业领域的匹配存在问题，部分新兴领域的需求无法得到满足，影响整个水利系统的创新和发展。其次，职业技能培训的缺失也是导致高技能人才总量不足的原因之一。由于一些企业对职业技能培训缺乏足够的动力，部分员工难以及时更新和提升技能，造成员工整体水平相对滞后。这与水利系统作为国家基础设施建设的重要组成部分不匹配，与高技能人才的实际需求形成矛盾，制约了水利工程的高质量发展。

（四）高技能人才综合素质偏弱

在当前水利系统内部，高技能人才综合素质普遍偏弱，这体现在多个方面。首先，部分高技能人才缺乏创新精神和解决问题的能力，过于依赖传统方法，难以适应新一轮科技发展的需求。其次，沟通与团队协作能力相对不足，导致在多学科合作的环境中难以发挥协同效应。这在水利工程项目中显得尤为重要，因为项目通常涉及多个领域和多个专业的交叉合作。

另外，对于国际视野和跨文化沟通能力的培养也相对不足。在全球化时代，水利工程往往面临来自不同国家和文化的合作与挑战，因此，高技能人才应当具备更强的国际化意识和跨文化沟通的能力。然而，当前的培养机制尚未充分关注这些方面，导致高技能人才在跨国项目中可能面临一定的困难。

四、建设高技能人才队伍的战略和措施

（一）加强战略规划，制定出台配套政策

根据国家整体部署，推动政策顺利落实，组织实施相关工作，为技能人才培育创造良好的宏观环境。在新时代水利现代化发展的大背景下，需要提升水利院校为水利改革发展服务的能力，以满足水利行业对优秀技能人才的需求。鼓励水利院校采用多种灵活的方式培养高技能人才，旨在扩大水利院校在高技能人才培养方面的影响力，为水利行业输送更多优秀应用人才和职业技术人才。同时，推进水利院校与水利部门之间

的深度合作，建立校地、校企务实合作机制，以提高其服务水利的整体能力。在创新校企合作的政府管理机制方面，政府应制定明确的规章制度，明确校企合作中各主体的责任和义务。特别是要重视高职院校学历学位认证、行业技能等级认证制度的建设，以保障人才培养的质量。发挥市场机制作用，推进多种模式的校企合作，实现水利院校与企业之间的优势互补、资源共享、互惠互利，共同推动双方的发展。这一系列措施将促进水利院校的内涵建设，提高其服务水利的能力，从而更好地满足水利行业对高技能人才的迫切需求。

健全完善新时代高技能人才职业技能等级制度，全面推行职业技能等级制度，实行技能人才职业技能等级制度，由用人单位和社会培训评价组织按照有关规定实施职业技能等级认定，使有技能等级晋升需求的人员均有机会得到技能评价。

健全技能岗位等级设置，完善职业标准体系，促进职业发展贯通。以职业分类为基础，统筹规划职业技能等级制度、职称制度、职业资格制度框架，避免交叉重复设置和评价，降低社会用人成本。鼓励专业技术人才参加职业技能评价，落实好技能人才与专业技术人才互通互转制度。探索在数字经济领域促进技术技能人才融合发展。

（二）创新人才培养路径

在面对水利系统的新需求时，创新人才培养路径显得尤为关键。首先，通过优化学科设置，紧密结合行业实际需求，构建更符合未来水利工程发展的学科架构。其次，加强实践环节，注重培养学生和在职职工解决实际问题的能力，通过模拟工程项目等方式提升其实际操作经验。此外，提供更多实习实践的机会，使学生和职工能够深入实际工作，更好地适应水利系统的专业要求。

推进高技能人才队伍高精尖建设工作，规范高技能人才选拔机制，建立完善全国水利高技能人才队伍建设基地，提高高技能人才队伍整体科学技术知识水平，增强整体创新能力，建设一支高效实用、符合新时期水利高质量发展要求的高技能人才队伍。

（三）促进产学研合作

为推动水利系统的科技创新，促进产学研合作至关重要。高校、科研机构与水利企业之间的紧密联系应当得到进一步强化。建立联合研究中心、工程实践基地等平台，提高产业界与学术界的交流频率。通过这种合作方式，推动科研成果更加快速地转化为实际应用，为水利系统的高质量发展提供更为可靠的技术支持。

（四）优化人才激励机制

为了吸引更多的人才投身水利事业，必须优化人才激励机制。除了薪酬水平的优化外，更应注重职业晋升方面的激励。设立水利工程领域的专业职称评审体系，使高技能人才在事业发展中能够有更为清晰的晋升通道。此外，建立科研项目和成果转化方面的奖励机制，激发人才的创造力和积极性，从而构建更有吸引力的人才生态体系。

五、结语

在当前全球变革与科技发展的时代背景下，我国水利系统的发展面临着新的机遇和挑战。高技能人才的培养、评价、激励机制以及综合素质的提升成为推动水利建设高质量发展的关键因素。我们需要加强学校与企业的密切合作，建立健全的培养机制，注重科学的评价标准，提高薪酬与激励水平，畅通高技能人才发展通道，从而吸引更多高技能人才加入水利工程领域。同时，要关注高技能人才的综合素质，培养其创新能力、沟通与团队协作能力以及国际化视野。这不仅需要学校和企业的共同努力，也需要政府的支持和引导。优化人才培养体系，建立科学的评价机制，完善激励机制，将为水利工程领域注入更多活力，推动其不断创新，实现更高质量的发展。在这个过程中，高技能人才将成为引领水利系统迈向未来的中坚力量，为我国水利事业的可持续发展贡献更大的智慧和力量。

新时代水利水电勘察设计企业新生代
人才队伍的管理和培养

——以中水珠江规划勘测设计有限公司为例

主要完成人：刘清清　刘姜伶

所在单位：中水珠江规划勘测设计有限公司

一、引言

党的十八大以来，以习近平同志为核心的党中央高度重视人才工作，对实施人才强国战略作出一系列重要论述。习近平总书记在党的二十大报告中强调，必须坚持"人才是第一资源"，深入实施"人才强国战略"，坚持"人才引领驱动"，充分体现人才强国建设在全面建成社会主义现代化强国新征程中的重要战略地位。当前，为实现新时期水利建设目标任务，推动新阶段水利高质量发展，人才队伍的培养和管理在水利事业发展中的重要性日益凸显。李国英部长在 2023 年全国水利工作会议上指出"加快建设规模宏大、结构合理、素质优良的水利人才队伍"，"让水利事业激励水利人才，让水利人才成就水利事业"。

水利水电勘察设计企业中的新生代人才工作既与水利系统人才培养具有高度的共性，同时又具备自身的特点。对于水利水电勘察设计企业来说，在高质量发展的要求下，如何依据新生代人才特征，充分挖掘人才潜力，管理和培养新生代人才队伍，成为值得深入实践和探索的课题。本文以中水珠江规划勘测设计有限公司（以下简称"中水珠江设计公司"）为研究对象，通过查阅期刊文献、研究报告和实证研究等方式，分析水利水电勘察设计企业新生代人才队伍的特点，研究中水珠江设计公司在新生代人才队伍管理和培养中的典型做法，探索管理和培养人才的新思路，旨在为水利水电勘察设计企业进一步完善人才队伍建设和培养提供参考。

二、研究方法

本文主要采用实证研究的方式，以水利水电勘察设计企业的新生代人才队伍建设为研究对象，选取近 5 年来（2019—2023 年）入职中水珠江设计公司的 95 后新员工的相关数据进行研究。通过分析新生代人才队伍结构层次、迈尔斯-布里格斯类型指标（MBTI）测试报告等数据，结合访谈、观察等定性研究方法，深入探索新生代人才队伍的特点，剖析公司在新生代人才队伍建设实践中的典型做法，从新形势新要求的角度出发提出相关建议。

三、水利水电勘察设计企业新生代人才队伍特点

新生代员工由于成长于社会高速发展的背景下，往往具有较强的独立意识和个性特征。与目前新生代员工普遍特性对比，水利水电勘察设计企业新生代人才具有相似性的同时，也有着自身的职业特性。下面从新生代人才结构与专业背景、职业性格、个人需求三个方面进行探讨。

（一）新生代人才结构与专业背景

水利水电勘察设计企业作为智力密集型企业，对人才的依赖程度高。2019—2023 年，中水珠江设计公司共入职 212 名新员工，其中 95 后 111 人，占总入职人数的 52%，呈逐年上升趋势。111 人中 108 人为应届高校毕业生，占比为 97%。从学历层次上看，硕士研究生及以上学历占比极大（图 1），是一支兼备青春活力和较高专业素质的人才队伍。

从人员分布上看，该批新生代员工主要集中在专业技术岗位，少数从事经营、管理职能岗，男性偏多，男女比例约 1∶0.68（表 1）。

从专业方向上看，公司新生代员工整体专业大类分布体现了行业特性（表 2），水工类专业的设计人员占比接近一半，同时测绘地勘、规划等大类专业人员占主导，符合水利水电勘察设计企业传统业务发展需要。

此外，为适应水利信息化、生态环境、水权投融资等新兴业务拓展需要，相关专业新生代人才被积极吸纳，成为公司全方位高质量创新发展的动力源泉。

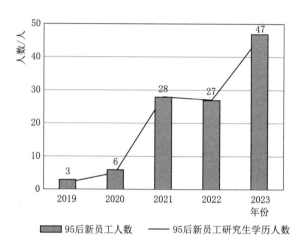

图1 2019—2023年以来入职新生代员工总趋势

表1　　　　　　　　　新生代员工人员分布　　　　　　单位：人

性别	总数	专业技术人才	经营管理人才
男	66	63	3
女	45	42	3

表2　　　　　　　　　新生代人才专业分布

专业分类	人数/人	占比/%
水工类	53	47.8
测绘地勘类	19	17.1
规划类	11	9.9
生态环境类	7	6.3
电气类	6	5.4
管理类	3	2.7
港航类	2	1.8

续表

专业分类	人数/人	占比/%
经济类	2	1.8
水土保持类	2	1.8
计算机类	2	1.8
公共政策	1	0.9
建筑类	1	0.9
人文地理学	1	0.9
视觉传达	1	0.9

步入公司后的新生代人才在专业深入发展方面也具有足够空间。新生代员工基本在入职 3 年内陆续通过初级、中级职称认定或评审，取得专业技术职务任职资格，由公司聘任至相应专业技术职务岗位。截至 2023 年 12 月，新生代员工有中级职称资格 10 人，初级职称资格 61 人。

总体来看，中水珠江设计公司新生代人才队伍普遍具有良好的学历和专业背景，人才队伍结构在围绕核心业务上升发展的同时呈现多元化态势，高素质化的新生代人才储备有力支撑企业提高竞争实力，加快高质量发展进程。

（二）新生代人才职业性格

MBTI 作为经典的人格类型理论模型，被广泛运用于测量个体在工作中表现出的稳定的行为风格，同时也是时下年轻群体中最火的性格测试工具。中水珠江设计公司将该测试运用于面试环节，评估应聘者的个性特征和行为风格指标，将之作为评定岗位适配程度的参考依据。MBTI 人格具有四个维度，八种偏好，分别为与世界相互作用的方式〔外向（E）、内向（I）〕、获取信息的方式〔感觉（S）、直觉（N）〕、决策方式〔思考（T）、情感（F）〕、做事方式〔判断（J）、知觉（P）〕（表 3）。

以上维度和偏好排列组合后，形成以下 16 种职业性格类型（表 4），具备相应的职业性格特点。

表 3   MBTI 人格维度及偏好

维　度	偏　　　　好	
与世界相互作用的方式	外向（E）：关注自己如何影响外部环境	内向（I）：关注外部环境的变化对自己的影响
获取信息的方式	感觉（S）：关注由感觉器官获取的具体信息	直觉（N）：关注事物的整体和发展变化趋势
决策方式	思考（T）：重视事物之间的逻辑关系	情感（F）：以自己和他人的感受为重
做事方式	判断（J）：喜欢做计划和决定，愿意进行管理和控制	知觉（P）：灵活，试图去理解、适应环境，喜欢宽松自由的生活方式

表 4   16 种职业性格类型及特点

职业性格类型	职业性格特点
ISTJ	沉静、认真、做事有条理，从容不迫地做好自己的工作，不会因外界事物而分神
ISFJ	沉静、友善、有责任感和谨慎。忠诚，替人着想，细心。能坚定不移地承担责任
INFJ	因为坚忍、有创意及达成目标的强烈意愿而成功。坚守价值观，是促使事情正面转化的催化剂
INTJ	是独立的完美主义者，拥有创意的头脑，能够很快地掌握事情发展的规律，有怀疑精神，独立自主
ISTP	容忍、有弹性、冷静，能够以理性的原则分析、解决问题，重视效率
ISFP	沉静、友善、敏感和仁慈，不会过度急切或努力改变现状，非成果导向
INFP	理想主义者，忠于自己的价值观及自己所重视的人，常承担开发创意的工作
INTP	沉静满足、有弹性、适应性强。喜欢理论和抽象的事情多于社交活动，具有怀疑精神

续表

职业性格类型	职业性格特点
ESTP	有弹性、容忍，倾向于可操作、处理、分解或组合的真实事务，喜欢主动与别人交往
ESFP	外向、友善、包容，热爱生命、人和物质享受。富有灵活性、即兴性，易接受新朋友和适应新环境
ENFP	热情而精力充沛，富于想象力，认为生活充满很多的可能性和机会。很需要别人的肯定，欣赏和乐于支持别人
ENTP	思维敏捷，很少以相同方法处理同一事情，并能够灵活地处理多项新事物
ESTJ	讲求实际，注重事实。果断，关注细节，能很快做出实际可行的决策。喜欢安排计划和组织人员以完成工作
ESFJ	有爱心、尽责、合作。渴望和谐的环境，而且有决心营造这样的环境。对能直接影响他人生活的具体事务感兴趣
ENFJ	有同情心，反应敏捷并有责任感。能够看到每个人的潜质，乐于帮助别人发挥潜能，在社交活动中表现活跃
ENTJ	坦诚、具有决策力的活动领导者。往往博学多闻，乐于通过多种渠道吸收新知识，能够有力地提出自己的主张

调取2019—2023年入职的新生代员工111份MBTI职业性格测评报告数据进行分析，除INFP外的15种职业性格类型均有人员分布，其中ESTJ与ISTJ人数分别为30人和23人，共占总人数的47.75%，表明水利水电勘察设计企业中新生代员工在职场上体现出的性格特点呈现一定的集中性（图2），无论是"E"（外向）人还是"I"（内向）人，在一定程度上相对集中地重视通过感觉而非直觉获取信息，注重事实，偏好通过思考来进行决策，做事时更喜欢通过计划和决定来进行判断，具备求真务实、逻辑性强、有条理性等特点，与专业背景、行业工作特性相呼应。同时新生代人才职业性格呈现一定的多元化、个性化趋势，在主动学习、接受新技术新思想、开拓创新方面普遍展现出较强的意愿，能

够快速接受新技术、新思想，重视工作的独立性与自主性。

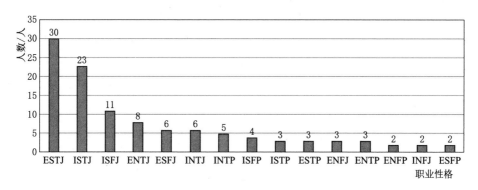

图2 新生代员工职业性格分布

（三）基于人本主义需要理论的新生代人才个人需求

结合对新生代员工日常工作表现的观察、与个别新生代员工开展访谈等情况，可知人性化管理对于管理和培养新时代新生代员工日益重要。人本主义需要理论（ERG）在传统的马斯洛需求层次理论的基础上进一步发展，更加着重于人本主义需要，适用于本次面向新生代员工个人需求的分析（图3）。

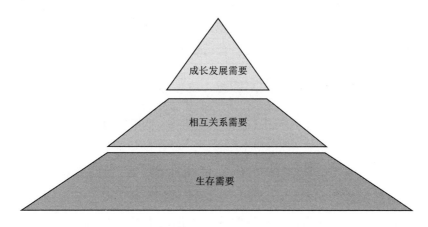

图3 基于马斯洛需求理论的ERG理论模型

（1）生存需要。水利水电勘察设计企业中的新生代员工，鉴于其出生的时代背景，他们的物质条件较好，日常生活的压力往往相对较小。

他们在生存方面的需要不再只满足于基本的吃饱穿暖，开始对工作环境的舒适性、餐饮口味的丰富性、出差交通的便捷性等有所关注。由于公司处于一线城市，新生代员工重点考虑和普遍关心生活成本特别是购房成本，因而对薪资的关注度相对较高。

（2）相互关系需要。就内部关系而言，水利水电勘察设计企业中的新生代员工渴望简单友善的同事关系，看重团队在高强度工作下的良好氛围；就外部关系而言，在开展项目过程中项目成果获得正面反馈，外部给予高度尊重与认可会起到很大的鼓舞作用。

（3）成长发展需要。水利水电勘察设计企业中的新生代员工综合素质较高，具有较强的自我意识，行业内流动性相对较低，因而更为注重个人在组织中的成长与发展，关注职业发展通道和晋升路径。有时会因工作内容不熟悉、发展前景不明确而产生迷茫、焦躁的情绪，迫切需要导师与之沟通并予以指导。

四、新生代人才队伍管理和培养中的做法

随着新生代人才大量进入水利水电勘察设计企业，中水珠江设计公司也根据新生代人才队伍的特点有针对性地优化管理和培养方式，最大限度地引导新生代员工发挥特长，激发活力，逐步在招聘与选拔、培训与发展、激励与保留等方面形成一套适合本单位的做法。

（一）数字化招聘助力人岗匹配

数字化时代背景下，新生代人才从 90 后到 00 后更迭，在职业发展和工作价值认知上具有相对鲜明的特点。随着科技在招聘工作中的应用与发展不断成熟，中水珠江设计公司积极利用数字化的招聘平台和测评工具，面向新生代人才打造具有吸引力的雇主品牌，优化求职体验，通过科学评估预测人才与岗位的适配性，优化人才配置。

1. 搭建招聘平台，招聘流程高质效

中水珠江设计公司结合自身招聘工作实际、新生代人才应聘特点建立了数字化招聘测评一体化系统，上线电脑端、手机端招聘门户网站，

并且每年不断迭代。公司根据规范化面试的要求在系统上配置了招聘全流程，满足通过系统多渠道发布岗位信息的要求，集合通过所有渠道投递简历、多人同步在线筛选简历及反馈、对应聘者显示应聘进度、批量发送短信邮件通知等功能，清晰明了的招聘流程、友好专业的面试氛围有效提高了新生代人才应聘的便捷性，提升了他们的应聘体验。

2. 活用招聘宣传，深化纳才影响力

招聘采取"多途径、全方位、深层次"的宣传方式，打造年轻化雇主品牌，有针对性地吸引有志于加入水利水电勘察设计企业的新生代人才。每年从新生代人才视角出发，精心定制年度招聘主题及文字，视觉呈现，通过动态长图文、招聘宣传片、校招海报等展现充满活力的雇主品牌形象。同时结合社交媒体强化宣传力度，充分利用招聘官网、校企合作宣讲、主流社交软件平台、行业社群等新生代人才常用渠道广泛推送招聘信息，强化用人部门、应聘者与公司人力资源部门的交流互动，零距离触达新生代人才，积极营造求贤若渴的友好雇主形象。

3. 精准全面评估，提升人岗适配性

面向应聘人员的高质量评估有助于精准匹配重点业务发展、岗位急需的高质量人才。在专业技术领域，各用人部门根据岗位需求制定专业题库，结合新生代人才的科研、项目经历进行考察。在综合能力方面，利用在线测评工具进行职业性格、能力倾向等测评并以之作为面试参考，邀请内外部专家组成结构化面试组，从多个维度对新生代人才进行考察评分。借助科学化的评估体系，公司可以更有效地识别出与岗位适配度高的优质新生代人才，保障招聘结果有据可依、科学精准。

（二）长线化培养厚植成长沃土

目前，中水珠江设计公司人员结构趋向年轻化，新生代人才逐步成长为公司的中坚力量。公司密切关注新生代员工的发展，基于水利水电勘察设计企业新生代人才成长发展规律，加强党性引领，突出团队合作，积极落实导师制，畅通职业发展通道，引导新生代员工成长发展，不断激发人才活力。

1. 坚持政治引领，把稳成长大方向

作为国有水利水电勘察设计企业，中水珠江设计公司坚持"党管人才"，高度重视新生代人才的思想建设，引领新生代员工坚定理想信念，把牢青春航向，帮助他们系好步入社会后的"第一粒纽扣"。公司新生代员工中党员占比为 44％，团员占比为 56％。新员工培训中特别安排专题授课，第一时间从青年的视角出发，全面解读党的二十大报告，并根据习近平总书记对新时代青年提出的重要要求，号召大家在新征程中勇担使命，成为堪当重任的栋梁之材。公司充分发挥内部党组织的战斗堡垒作用和优秀党员的示范带头作用，鼓励新生代员工在岗位工作中加强责任担当，在历练中不断成长进步。

2. 创新人才培养，筑牢团队合作力

中水珠江设计公司积极探索新生代人才培养的方式方法，运用新生代员工喜闻乐见的形式，强化"仪式感"，营造"氛围感"，拉满他们的"状态值"和"能力值"。入职后，所在部门除安排导师对新员工在专业技术上进行"传帮带"外，还配有专职"入职指引人"，帮助解决工作和生活中的实际问题。公司丰富的培训课程涵盖专业技能培训、领导力培训、企业文化培训等，为新生代人才提供全面的培训和发展机会。培训形式更加多元化，在新员工培训中，安排团队破冰及团队合作、主题背景墙打卡、主题横幅签字等趣味性活动，提升新生代人才的团队意识和队伍活力。

3. 畅通发展通道，人才发展多渠道

中水珠江设计公司高度重视新生代人才在公司的职业发展，逐步完善员工职业生涯规划管理体系，引导新生代员工将自身职业发展和公司发展紧密结合。为破解人才发展与晋升难题，公司畅通行政管理、技术管理、专业技术、项目管理四条多元化的职业发展通道，提供良好的职业发展机会和晋升渠道，不同通道间可交叉晋升或兼任。公司鼓励新生代人才充分发挥专业特长，积极积累工作业绩和科研成果，在实现自我价值的过程中明确职业发展方向，尽早成长为水利高质量发展事业的中流砥柱。

（三）多元化激励护航人才发展

新生代人才初进入水利水电勘察设计行业，对企业文化、岗位职责、工作环境等都需要适应，在此过程中往往会有"引进来，留不住"的困境。中水珠江设计公司实施绩效考核奖励绩优，根据相关政策扩充福利体系，举办多样的文体活动，不断增强新生代人才的认同感、归属感和幸福感，为新生代人才在公司的长久稳定发展保驾护航。

1. 量化年度考核，激发人才高绩效

中水珠江设计公司不断完善绩效工资分配制度，通过绩效考核和奖励机制，激励新生代人才为企业创造价值。对于新生代员工，生产部门侧重于对产值完成情况进行评价。同时，根据岗位职责，个人绩效考核结果与部门绩效考核结果按权重合理挂钩；非生产部门员工考核均与本部门绩效挂钩，更强调计划性和执行力。除此之外，综合内部满意度、工作态度、工作能力等关键绩效指标形成年度考核结果。公司对年度考核优秀者给予表彰。考核后进行绩效面谈，有助于新生代人才充分了解公司对自己的期望，总结年度业绩，认识自己有待提高的方面。面谈时，被考核者可以提出自己在完成绩效目标中遇到的困难，请求给予指导和帮助。

2. 提升福利保障，增强员工归属感

中水珠江设计公司积极探索多元化的补充福利体系，关注新生代人才的切身利益，切实做好服务，解决新生代人才的后顾之忧。一方面积极了解当地相关人才政策，帮助新员工申请当地新引进海外留学人员项目支持、引进高学历人才奖励等；另一方面按广东省标准为博士生提供生活补贴，为新员工提供公租房或租房补贴，落实六险两金缴纳，提供团体意外保险理赔、补充医疗报销等保障，不断提高保障力度。

3. 关怀身心健康，丰富活动暖人心

良好的企业氛围、温馨的工作环境有助于新生代人才尽快融入团队，增强组织认同感。中水珠江设计公司配有健身房、瑜伽室、乒乓球室，积极组织球类比赛、登山、文艺晚会、青年联谊活动，鼓励新生代人才通过参与各类活动强健体魄，在交流沟通中培养团队精神，以积极向上的精神面貌迎接新的工作挑战。同时，公司高度关注职工特别是新生代员工的身心健康，根据员工需要在公司健康屋提供一对一心理咨询、定期中医理疗、日常疾病诊治、健康知识宣教等一系列专业、亲切的服务，其中心理咨询严格采用保密机制，有效帮助员工排忧解难，纾解工作和生活中的压力。公司食堂根据健身人群需要推出"健康餐"，受到新生代员工的普遍好评。

五、结语

水利高质量发展，人才是关键。习近平总书记在党的二十大报告中指出"青年强，则国家强"，号召"全党要把青年工作作为战略性工作来抓，用党的科学理论武装青年，用党的初心使命感召青年，做青年朋友的知心人、青年工作的热心人、青年群众的引路人"。在新时代背景下，水利水电勘察设计企业面临的市场竞争日益激烈，高质量发展离不开一支优秀的新生代人才队伍。新生代水利人才作为新时代人才强国的重要力量，源源不断步入职场，为水利水电勘察设计企业加快推进人才强企战略提供了高质量的人才支撑。与此同时，新生代人才展现出相应的代际特征，对水利水电勘察设计企业人才管理与培养工作提出了更高的要求和挑战。

中水珠江设计公司在新生代人才队伍管理和培养的实践中具有一定的积累，同时也在不断探索和完善更加与时俱进的管理、培养模式。管理和培养好新生代人才队伍绝非一朝一夕之事，而是一项伴随新生代成长过程的长远而动态的工作。本文谨就目前公司新生代员工的特质、需求及实践中的典型做法进行研究，希望能在新时代背景下为水利水电勘察设计企业新生代人才队伍管理和培养工作提供一定的借鉴。

"十四五"内蒙古水利专业技术
人才队伍建设分析

主要完成人：周莹　巴森　马小静　武向博　于森　叶德成　尚志强
所在单位：内蒙古自治区水利科学研究院；
内蒙古自治区水利事业发展中心

一、选题背景

"十四五"时期，是我国全面建成小康社会、实现第一个百年奋斗目标之后，乘势而上、开启全面建设社会主义现代化国家新征程，向第二个百年奋斗目标进军的第一个五年，也是内蒙古走好以生态优先、绿色发展为导向的高质量发展新路子，实现新的更大发展的关键时期。

2023年6月，习近平总书记在内蒙古考察时，对水利工作作出重要指示批示。办好办实习近平总书记交给内蒙古的"两件大事"、实现"闯新路、进中游"目标任务，哪一项都离不开水。在书写中国式现代化内蒙古新篇章过程中，关键制约在水，难点堵点也在水，必须做好水文章。《内蒙古自治区国民经济和社会发展第十四个五年规划和二〇三五年远景目标的建议》中明确提出：统筹推进基础设施建设，实施一批控制性水利、重大引调水和重点水源工程，加强综合防洪减灾体系建设，提升水资源优化配置和水旱灾害防御能力；要加大生态系统保护力度，统筹山水林田湖草沙系统治理，加强黄河、西辽河、嫩江、黑河、"一湖两海"等流域水域生态环境保护治理。

当前，内蒙古正在紧锣密鼓地落实《国务院关于推动内蒙古高质量发展奋力书写中国式现代化新篇章的意见》，水利部黄河水利委员会也印发了《支持推动内蒙古高质量发展奋力书写中国式现代化新篇章水利实施方案》，从7个方面、以26条重点措施支持加快推动新阶段内蒙古水利事业高质量发展。内蒙古水资源短缺，且时空分布不均，水对于内蒙古的发展来说生死攸关，一些突出问题现在解决不好就会积重难返。做好内蒙古水利工作任重道远、使命光荣。

人才资源是推动内蒙古水利事业高质量发展的关键，也是核心力量。自治区水利行业的事业单位是全区水利事业的直接推动者和参与者，承担水利技术支撑和行业管理服务等职能职责。只有建设一支高素质、专业化的水利人才队伍，以高质量的人才工作着力推动自治区水利工作高质量发展，才能为办好"两件大事"提供坚强人才保证。

本文立足内蒙古自治区水利行业事业单位的专业技术人才的职称水平、学历层次和年龄现状，分析水利专业技术人才队伍建设的制约因素、发展趋势和演变规律，为做好新形势下内蒙古水利行业事业单位的专业技术人才工作提供可借鉴的、可推广的意见和建议。

二、研究方法

本文采取数据分析的方法，通过控制变量的方式，统计分析不同职称水平、不同年龄、不同学历人才的分布和比例关系，深入研究内蒙古现有水利专业技术人员职称水平、学历结构和年龄结构，分析内蒙古水利专业技术人才队伍建设现今存在的问题，提出下一步工作的意见和建议。

三、内蒙古水利专业技术人才队伍现状

根据 2022 年内蒙古自治区水利厅统计数据，全区水利事业单位现有在职专业技术人员 8484 人。从学历层次看，研究生 627 名，占比约为 7.39％，本科毕业生 5628 名，占比约为 66.34％，专科及以下学历 2229 名，占比约为 26.27％；从职称层次来看，具备正高级职称人员 349 人，占比约为 4.11％，具备高级职称人员 1961 人，占比约为 23.11％，中级职称人员 2400 人，占比约为 28.29％，初级及以下职称人员 1847 人，占比约为 21.77％。从年龄构成来看，35 岁及以下人员 1927 人，占比约为 22.71％；36～40 岁 1201 人，占比约为 14.16％；41～45 岁 1270 人，占

比约为 14.97%；46~50 岁 1494 人，占比约为 17.61%；51~54 岁 1294 人，占比约为 15.25%，55 岁及以上 1298 人，占比约为 15.30%。

随着我国综合国力的提升以及科教兴国战略的深入推进，内蒙古水利事业单位人才建设发生了历史性变化，特别是高学历、高职称和高技能人才所占比例逐年上升，为全区水利事业高质量发展提供了有力支撑。但是，与新阶段全区水利事业高质量发展的需求相比，水利事业单位人才的总量和质量还有待提高，主要体现在以下几个方面。

（1）从学历结构来看。按照内蒙古自治区水利厅的统计数据，全区水利事业单位现有在职专业技术人员 8484 人。其中研究生 627 人，本科生 5628 人，专科及以下 2229 人，现有人才学历构成主要以本科生为主。表 1 为内蒙古水利专业技术人才学历结构。

表 1 　　　　内蒙古水利专业技术人才学历结构表 　　　　单位：人

职称	学历		
	研究生	本科生	专科及以下
正高级	38	304	7
副高级	202	1431	351
中级	242	1820	806
初级	65	1336	498
其他	80	737	567
合计	627	5628	2229

对上述数据进行回归分析，曲线如图 1 所示。

结果表明，学历水平和职称层次呈多项式相关关系，其中研究生学历人员的拟合关系式为

$$y = -308.93x^2 + 1930.7x - 1268.2, \quad R^2 = 0.9653 \qquad (1)$$

专科及以下人员的拟合关系式为

$$y = -93.786x^2 + 689.41x - 590.8, \quad R^2 = 0.8135 \qquad (2)$$

式（1）和式（2）拟合程度较高，拟合效果较好。从函数分布来看，专业技术人员普遍具备中等程度的技术水平，专业技术人员水平较高和较低的均为少数。水利专业技术人员高级职称的评定，需要具备丰富的

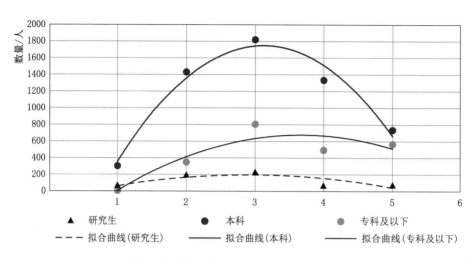

图 1　学历水平与职称层次回归分析曲线

水利一线实践经验和卓越的专业技术能力积淀。由于岗位资源有限，只有一部分职工获得了高级职称。同时，由于各种因素的倒逼，低职称的人员数量也较少。

本科学历人员在不同等级职称的人数分布非常平均，表明他们在专业技术水平上没有明显的差距。本科学历人员在接受高等教育时，通过系统的学习和实践，掌握了较为全面的专业知识和技能，为职业生涯打下了坚实的基础。此外，他们在工作过程中通过不断的学习、实践和经验积累，能够更快地提升专业技术水平；但是专业技术水平的平均分布并不意味着所有人都具有相同水平，不同的人在专业领域内的表现和能力仍存在差异。

（2）从职称分布情况来看。按照内蒙古自治区水利厅的统计数据，全区水利事业单位现有在职专业技术人员 8484 人。其中 35 岁及以下 1927 人，36～40 岁 1201 人，41～45 岁 1270 人，46～50 岁 1494 人，51～54 岁 1294 人，55 岁及以上 1298 人。高级职称人员主要集中在 45 岁以上人员中。表 2 为内蒙古水利专业技术人员年龄结构情况。

对上述数据进行回归分析，曲线如图 2 所示。

根据数据拟合结果，正高级职称人员的年龄分布呈现出明显的集中趋势，高达 77.08% 的正高级职称人员集中在 50 岁以上的年龄段。取得正高级职称，经验与资历是关键因素。随着年龄的增长，职工通常积累了更多的工作经验和专业知识。

表 2 内蒙古水利专业技术人员年龄结构表   单位：人

职称	年龄					
	35 岁及以下	36～40 岁	41～45 岁	46～50 岁	51～54 岁	55 岁及以上
正高级	0	5	29	46	55	214
副高级	23	196	279	438	454	594
中级	468	471	574	622	489	244
初级	1014	335	209	152	103	86
其他	422	194	179	236	193	160
合计	1927	1201	1270	1494	1294	1298

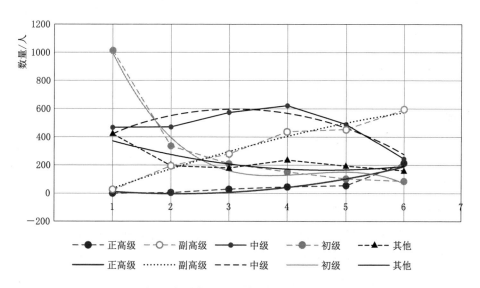

图 2 年龄与职称层次、回归分析曲线

副高级人员的专业技术水平随着年龄的增长比较均衡地增加，其拟合关系式为

$$y = 108.23x - 48.133，R^2 = 0.969 \tag{3}$$

取得副高级职称人员的数量和其年龄之间存在正相关关系，年龄是

取得副高级职称的重要影响因素。随着年龄的增长，取得副高级职称的人员数量也在增加。这种正相关关系源于多种因素的综合作用。例如，随着工作经验的积累和专业技能的积累，年龄较大的员工更容易获得副高级职称。此外，组织内部的晋升机制等因素也可能对这一趋势产生影响。

在各年龄段中，中级和初级职称人员的分布相对均匀。这意味着在各个年龄段中，获得中级和初级职称的人员数量比较接近，没有明显的年龄偏向。这种分布状态表明，在各个年龄段中，职工都有机会获得中级和初级职称。这种分布也可能意味着在职业发展过程中，中级职称的评定基本不依赖于年龄因素，而是更注重个人的能力和业绩。

四、存在的问题

根据上述数据，分析"十三五"期间内蒙古水利事业单位专业技术人才队伍存在以下问题。

（一）高层次人才不足

2022 年专业技术人员总数为 8484 人，相比"十三五"期间，在职的水利专业技术人员总数有所下降，与新时代水利事业的需求相比，内蒙古水利专业技术人才数量相对较少。经分析计算，内蒙古水利事业单位的专业技术人员中，具备高级职称（含正高级）的人员仅占 27.5%，具备正高级职称的人员仅占 4.11%。通过数据比对，具备正高级职称人员的比例低于周边省份，也低于自治区其他厅局的事业单位，与新时代内蒙古兴水治水的形势与任务还不够匹配。此外，内蒙古水利事业单位的人才结构不够合理，正高级、副高级职称的人员占比较小，中级和初级职称人员相对较多。

（二）水利事业单位改革后出现人才流失

2020 年事业单位改革中，内蒙古自治区列入了事业单位全域改革试点地区。随着改革的推进，一部分公益二类事业单位转变为公益一类，一部分事业单位通过整合，组建了新的事业单位，导致部分高层次专业技术人员离职或流向企业，造成暂时性人员紧缺、新进人员有待进一步成长的问题，这一点从数据拟合结果也可以清楚地看出来。

（三）基层水利事业单位"引才难、留才难"

受限于内蒙古的区位条件、经济基础、科研环境等综合因素，与发达地区相比，目前经济发展、财政收入水平还不够高，工资待遇、科研津贴、人才补助等配套还不完善，在吸引人才方面处于劣势，部分优秀水利专业技术人才流向了经济发达地区，部分水利专业技术人才进修深造后返回内蒙古的总体偏少。

近年来，水利系统考录的人才以内蒙古籍人才、追随亲属配偶入户的人才以及希望进入机关单位的人才为主，本土培养的高层次人才往往因为事业发展等因素外流。人才引进主要以刚性引才为主，引才措施办法欠缺，方式单一、渠道较窄，在人才引进方式的多元化和创新性上略显不足。一些优秀紧缺人才的身份问题和待遇问题成为"卡脖子"难题，人才留用载体不足、发展通道受阻，影响了人才作用的发挥，甚至导致人才流失。

（四）人才年龄分布不均衡

从数据分析可知，内蒙古水利专业技术人员中，不同年龄段、不同学历、不同职称的人员结构组成存在不平衡现象。随着60后逐渐退休，70后断档问题尤为突出，单位中出现年龄两极分化，一方面60后人员比较集中；另一方面85后和95后也存在明显的扎堆现象。

内蒙古水利专业技术高级职称人员中56%的为60后，当60后全部退休，内蒙古水利专业技术高层次人才将出现断崖式不足，中间力量薄弱，后劲不足，将大大影响内蒙古水利的高质量发展。

（五）本土人才培育不足

目前，本土水利人才的挖掘和培养措施针对性还不够强，专业人才总量还不足，对口水利专业人才缺口还比较大，人才补充还不够及时，不足以满足行业高质量发展要求。

内蒙古水利专业技术人才培养机制不完善，缺乏系统性和针对性的人才培养计划。一些盟市的基层水利工作人员数量总体不足，例如，农村牧区饮水工程设施数量增加，河湖管护任务较多，一些日常辅助的稽查、检查工作任务不断加重，但有的基层水利服务机构还因乡镇合并，大幅度缩减编制数量，加大了人员工作量。

各地普遍存在人员队伍结构问题，一些偏远旗县水利系统 45 岁以上人员占大多数，在职人员年龄结构老化严重，且不少已接近退休年龄。各地培训长效机制尚未完全建立，培训的范围、频次、内容还不理想，大部分培训的覆盖面还不够，一些负责人和骨干尚未得到常态化培训提高。一些基层水利服务机构工作人员不仅承担水利本职工作，还承担其他任务，无法按时参加有关业务培训。

五、对策和建议

深入贯彻习近平总书记关于人才工作的重要讲话精神，认真落实内蒙古自治区党委、政府的有关部署要求，创新水利行业事业单位的人才体制机制，着力破解当前存在的人才"不够用、不适用、不被用"等突出问题，引育并重，想方设法强化水利高层次水利人才队伍建设，千方百计稳住用好旗县和乡镇苏木水利技术队伍，努力强化内蒙古水利高质量发展人才支撑。

（一）强化人才工作的顶层设计

新一轮事业单位改革，是习近平总书记亲自部署、亲自审定的政治任务，把内蒙古自治区列入事业单位全域改革试点地区，是党中央综合考虑代表性、示范性、操作性而作出的重大决定。坚持问题和目标导向，建议编制《内蒙古自治区水利人才队伍建设规划》，在"十四五"的新起点上谋划和推进全区各类人才队伍建设，立足内蒙古区位优势和水利事业高质量发展需求，强化政策引导，结合调研走访发现的短板弱项，适时优化修订人才政策，促进人才资源合理布局。以基层水利事业单位履行水资源管理、河湖管理、防汛抗旱、农田水利建设、水利文化、水土保持等公益性职能，完成相关公共服务任务为导向，明确基层水利事业单位的职能边界，并结合当地实际需求，科学设置岗位，使机构建设与其职能任务相匹配。特别是目前自收自支性质的事业单位和机构，需要进一步定性。

鼓励支持本地人才"沉下去"，并对旗县和乡镇苏木的水利专业技术青年给予必要的政策资金扶持，助力本土人才扎根家乡和基层，进一步分析人才现状，通过引进、培养、使用和激励等方面的政策支持，为水利专业技术人才提供良好的发展环境和机会，充分发挥他们的专业优势和创新能力，为水利事业的可持续发展作出更大的贡献，吸引更多优秀的人才投身于内蒙古自治区水利事业。

（二）注重引进培养，集聚水利人才

（1）开辟高层次水利人才引进绿色通道。根据数据拟合结果，正高级职称人员的年龄分布呈现出明显的集中趋势，高达 77.08% 的正高级职称人员集中在 50 岁以上的年龄段。针对现状存在的高层次人才较少的实际情况，建议内蒙古自治区水利厅出台高层次水利人才引进奖励补贴政策，对博士研究生、具有副高级职称的高层次人才，简化招聘程序，直接进行面试，例如自治区水利科学研究院等单位，通过高层次人才引进等方式，陆续引进一批人才，有力填补了人才空挡。

长期以来，单位性质和干部身份一直制约着水利专业技术人才在企事业单位与行政机关之间的相互流动，部分机关干部不愿放弃身份交流甚至提拔到事业单位，而从事业单位进入党政机关只能通过调任的办法解决，调任的年龄、学历等条件较为严格，从而制约了人才在机关事业单位之间的流动。建议进一步"松绑"人才流动政策，在严格规范人员流动管理工作的同时，进一步优化交流的岗位、范围、条件、时间、程序、考核、待遇等内容，引导优秀人才在机关事业单位间合理有序流动。

（2）针对本土领军人才不足的现状，建议搭建科研、项目交流平台，

建立自治区、盟市、旗县水利学术和技术带头人制度，围绕智慧水利、水资源管理、水旱灾害防御、农村牧区安全饮水、河湖生态治理、节水灌溉、水土保持等水利中心工作，立足重点水利工程，集中全面学习研究水利专业技术，通过技术讲座、专题讨论会等形式鼓励职工参与高水平学术交流和业务培训，提升高层次人才的政治素质和专业素养。

（3）加强应届毕业生实践锻炼。根据数据分析，现有人才学历构成主要以本科生为主，占 66.3%。建议水利专业技术岗位的毕业生到水利工程建设一线锻炼 2～3 年，选配 2 名经验丰富的专家进行专业能力"传帮带"，给青年拔尖人才压担子。在 40 岁以下职工中遴选拔尖人才，进行重点培养。破格允许入选人员担任项目负责人，并在论文发表、项目研究等方面提出具体要求，每年单独考核。

（4）针对人才年龄分布不均衡的现状，适当给予职称评定倾斜。建议联合内蒙古自治区人社厅等部门出台有关岗位设置管理的意见，提高水利行业高级职称岗位比例，正高比例提高 2%～4%，副高比例提高3%，增加和扩充水利正高级工程师、高级工程师队伍。按专业领域选拔和培养技术骨干，实现水利水电、农田水利、水资源等主要专业均有1～2 名重点培养对象，在科研立项、成果报奖方面大力支持，优先推荐入选人员参与国家和自治区重大工程和重点项目等。集中资源推举高层次人才，建立高层次人才申报数据库，动态编制培养和申报规划，集中优势资源，采取定向培养和团队支持的方式全力推举。优先支持专利发明人、著作权人及论文作者申报技术职称；优先选送专利发明人、著作权人及论文作者申报个人社会荣誉，出台奖励政策，促成快出人才、多出人才、出管用人才。

（5）专项经费支持。建议协调内蒙古自治区科技厅，与自治区水利厅每年共同出资，支持水利人才和团队开展技术攻关。落实科技成果转化激励措施，实行以增加知识价值为导向的分配政策，鼓励支持高层次人才安心从事本职工作。

（6）稳定基层水利队伍，破解"引才难、留才难"问题。用活"三支一扶"政策，提升基层水文测站、旗县、乡镇苏木水利岗位的吸引力，探索在服务期内实行与正式在编职工同等待遇，试用期满简化程序直接入编，推进"公开招聘、竞聘上岗、按岗聘用、合同管理"，通过严格把握进人关，力争将专业对口、年富力强的人才吸纳到队伍中来。新进人员应具有水利或相关专业中专以上学历。要通过提高待遇、打通职称评聘途径等手段，吸引水利人才加入基层水利服务机构，多途径开展在职人员培训，不断提升机构人员业务素质和服务能力，可进一步完善"北疆云课堂"等相关培训网站，录制相关课件、视频等，方便工作人员自学，并设置积分奖励等政策，提高自学积极性。

六、结语

综上所述，为全面提升内蒙古水利专业技术人才的素质和能力，优化水利人才结构，建议从顶层设计、政策制定、资金投入、人才引进和培养等多个方面入手，相关职能部门和有关事业单位共同努力，形成支持合力。只有全面提升内蒙古水利专业技术人才队伍建设水平，才能为推动自治区水利事业的高质量发展提供坚实的人才保障，才能为自治区办好"两件大事"，实现"闯新路、进中游"提供坚实的水安全保障。

国有企业青年人才梯队建设工作理论实践研究

主要完成人：肖冰　孟德明

所在单位：中电建路桥集团有限公司

一、引言

本研究分析和阐明了人才梯队理论体系，探索总结中电建路桥集团有限公司青年人才梯队建设实践，并为国有企业人才梯队建设提供路径和思路。通过系统化、专业化和动态化的方式建设青年人才梯队，实现人才储备和发展机制的优化，推动组织战略实施和竞争力提升。这一研究旨在为公司青年人才发展提供指导，为企业高质量发展提供支持。

二、实践研究

（一）青年人才梯队建设理论依据

青年人才梯队建设需要用到人才管理领域几个重要理论基础：冰山模型、人才测评、人才模型、领导梯队理论以及盖洛普人才路径理论。冰山模型将人员个体素质分为表面和深藏两部分，强调内在因素对行为的关键作用；人才测评是指通过科学手段对人才素质进行测量评定；人才模型描述了特定职位所需的优秀素质能力结构；领导梯队理论关注领导梯队的建设和匹配；盖洛普人才路径理论探讨员工个人表现与公司业绩之间的路径关系。这些理论有助于组织有效地管理和发展人才，提升绩效和竞争力。

（二）青年人才梯队建设背景及目标

1. 青年人才梯队建设背景

中电建路桥集团有限公司是中国水利水电建设股份有限公司的子公司，立足城市建设与基础设施领域，围绕专业市场平台定位，集投、建、营一体，业务遍及国内 27 个省（自治区、直辖市），合同总额近 7000 亿元。为了贯彻落实中国水利水电建设股份有限公司提出的在"十四五"期间聚焦"水、能、砂、城、数"五大领域，公司以"创新人才发展机制、优化人才队伍结构、提高人才队伍素质"为核心构建人才队伍，使人才成为公司战略发展的重要保障，为企业高质量发展奠定坚实基础，开展青年人才梯队建设工作。

2. 青年人才梯队建设目标

结合中电建路桥集团有限公司背景现状，青年梯队人才建设落地实践之初便提出明确目标要求：通过构建"223"青年人才队伍培养体系，力争在 3～5 年内打造一支政治素质过硬、规模数量适宜、结构科学合理、符合公司发展需要的人才队伍，实现以项目经理为核心，以科技人才为支撑，以综合管理和专业技术青年人才为基础的公司人才发展目标。具体明确为以下三个细化目标：

（1）以项目经理为核心，以综合管理和专业技术两序列为"两翼"的"一体两翼"的人才结构目标。

（2）以深入推进"百千万"科技人才培养和选拔工作为核心的"科技引领"的人才创新目标。

（3）以公司青年人才划分为综合管理类和专业技术类两个序列为基础，每个序列分为三个层级的"两序三层"的人才培养目标。

这些目标旨在确保公司的青年人才梯队建设的体系科学化、专业化，以支撑公司战略目标的实现和市场业务的拓展，并构建良好的人才管理体系，促进人才的成长和发展，从而为公司的高质量发展提供强有力的支持。

（三）青年人才梯队建设整体思路

青年人才梯队建设是中电建路桥集团有限公司人才培养的重要组成部分之一，整体建设思路如下：

（1）坚持五项基本原则：一是从整体方向出发，坚持党管人才、战略引领的原则；二是从公司发展出发，坚持服务发展、支撑业务的原则；三是从科学培养出发，坚持分类建设、分级培养的原则；四是从个性发展出发，坚持因材施教、动态调整的原则；五是从持续优化出发，坚持全程跟踪、考评结合的原则。

（2）突出三个重要作用，即服务于公司战略定位，高质量发展目标，以及投建营一体化的业务模式，为公司人才建设提供重要支撑。

（3）强化两重组织保障。公司人力资源部作为总体组织牵头部门，各职能部门和二级单位作为执行机构，形成两重组织保障体系，以实现青年人才梯队建设的有效开展。

（4）建设人才标准引导。构建公司青年人才标准，不断优化和细化，引导人才选聘、培养、评价和发展等工作。

（5）构建"223"青年人才队伍培养体系。采用总部与二级单位两重机构、综合管理类和专业技术类两序列、每个序列三层级的培养体系，为公司青年人才梯队建设打造基础。

（6）拓展全面培养形式。遵循"721"学习法，采取集中培训与日常培养相结合、线上学习与线下辅导相结合等方式，构建青年人才培养的OMO 立体化模式，解决工学矛盾和多样化学习的问题。

（7）引入个人发展计划。制订个人发展计划（individual development plan，IDP），做到以学促行、以行践学，实现共性基础和个性提升的目标。

（8）实现评价优化调整。采用"一人一档"原则，建立人才电子档案，全程跟踪人才培养过程，利用考核评价实现人才培养计划的动态管理和调整。

（9）推进人才优先使用。为参与青年梯队建设的人才提供成长咨询导师、岗位历练机会、优先参与重要工作等多项保障措施，确保人才得到充分发展和使用。

（四）青年人才梯队建设落地实施

1. 管理办法及政策制定

根据中电建路桥集团有限公司发展需要及青年人才梯队建设目标，公司先后印发《青年梯队人才库管理办法》《以干代训人才培养实施方案》《基石计划青年人才培养管理办法》等一系列"基石计划"青年人才梯队管理办法，为青年人才梯队建设工作的开展提供制度依据。

2. 梯队人才遴选

按照青年人才梯队"两类三层级"的人才架构，明确不同层级人才库关于年龄、岗级、考核等条件要求，组织各单位、各部门开展入库人才推荐，并对推荐人选进行审核把关，最终确定"两类三层级"共计340人进入青年人才梯队库。

3. 人才现状调研

通过对青年人才群体开展线上测评、线上能力素质现状调研、线下关键人员访谈、资料研读等多种形式，全方位了解中电建路桥集团有限公司整体业务，青年人才个人能力素质现状、职业追求、职业方向、个人职业风格、个人性格特质，通过多种途径了解青年人才的潜能特质、职业动机等，帮助个人实现全面的自我认知，帮助组织制定有针对性的管理培养策略。

4. 人才模型构建

根据麦克利兰能力素质冰山模型，基于"两类三层级"的青年人才梯队结构，结合"两类三层级"群体在关键能力素质上的测评得分，确定出最终的"两类三层级"人才的能力素质模型。

5. 人才测评实施

本次研究借助北京宏远问智管理咨询公司自主研发的具有独立知识产权的人才测评管理平台，开展青年人才在线测评。通过对青年人才个人职业价值观、职业兴趣、行为模式、人格特质和关键能力素质5个大方面 57 个维度的测评（表 1、表 2、图 1～图 3），全方位了解测评者职业追求、职业方向、个人职业风格、个人性格特质，了解测评者的个性潜能特质、职业动机、关键能力等，通过分析测评群体的个性驱动优劣势和关键能力素质优劣势，以有针对性地开展人才管理培养工作。

表 1   综合管理类人才关键能力素质模型

能力素质项	爱岗敬业	吃苦耐劳	高效执行	工作主动	适应能力	思考学习	主动担责	协作共赢	管理创新	沟通能力	抗压能力	灵活变通	统筹协调	号召力	科学决策	战略谋划	人才培养	团队管理
第一层级	87.3	67.1	89.8	56.5	76.6	70.8	79.8	64.4	44.7	85.9	72.1	61.7	79.8	93.1	83.6	68.6	90.1	93.7
第二层级	76.4	67.1	80.4	69.5	68.7	70.8	70.2	55.8	44.7	78.1	72.1	53.7	71.5	93.1	74.5	56.0	82.5	85.8
第三层级	65.5	67.1	80.4	56.5	68.7	59.4	60.5	55.8	32.7	78.1	60.7	45.8	63.2	85.3	65.4	43.4	74.9	77.9

表 2   专业技术类人才关键能力素质模型

能力素质项	爱岗敬业	吃苦耐劳	高效执行	工作主动	思考学习	主动担责	持之以恒	沟通协调	精益求精	技术创新	解决问题	严谨理性	号召力	科学决策	战略谋划	人才培养	团队管理
第一层级	87.3	67.1	89.8	69.5	82.2	79.8	79.3	84.7	83.5	48.0	81.1	67.5	93.1	83.6	56.0	90.1	93.7
第二层级	76.4	67.1	80.4	56.5	70.8	79.8	68.5	78.5	83.5	48.0	72.9	59.1	93.1	74.5	56.0	82.5	85.8
第三层级	65.5	58.3	80.4	43.4	59.4	70.2	68.5	72.2	75.8	36.5	64.8	50.6	85.3	65.4	43.4	82.5	77.9

最终通过分析不同群体青年人才的能力素质和人才胜任力模型之间的差异性，确定不同群体需要提升的方向。

6. 人才培养设计

人才培养整体思路设计包括为期两年的培养周期，根据不同序列层级人才能力素质分布，设计群体提升和个体提升两种培养模式。培养提升方式主要分成线下培训、线上学习、课题研究、以干代训四种。群体

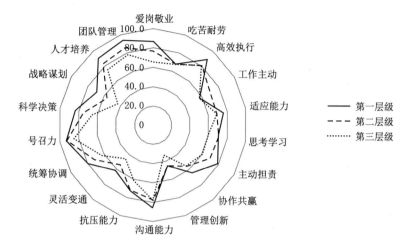

图 1 综合管理类人才能力素质模型

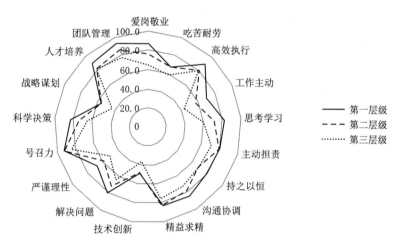

图 2 专业技术类人才能力素质模型

提升培养模式基于前期访谈确定培养方向、内容、方式、目标开展线下集中轮训；个体提升培养模式基于青年人才个人提升计划，开展"一人一课""主题任务学习""以干代训"等内容，有针对性提升个体能力。

7. 人才培养实施

人才培养实施以促进青年人才高效率成长成才为出发点，做到人才培养过程可控化、成果可视化、效果可量化。采用评价中心技术，构建人才培养过程跟踪档案管理机制，跟踪记录青年人才成长成才的过程，

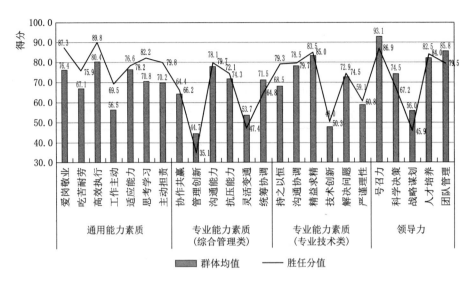

图 3   各项人才素质测评得分柱状图

为后期人才的进一步培养、任用、发展和激励提供有针对性的参考建议。

8. 动态考核评价

动态考核评价包括基础得分、加分项目、扣分项目等，根据绩效评定得分，确定个人评价等级。根据个人所处的层级，被评为优秀和良好的学员可获得适当的奖励和晋升机会；合格的学员可以获得一定的奖励，并提供改进方向和培训机会。

9. 保障机制设计

保障机制设计是为参与培养的人才提供成长导师、岗位历练机会、重要工作参与机会等保障，为已成熟人才提供优先选聘机会。

（五）整体效果说明

中电建路桥集团有限公司的青年人才梯队建设取得了显著的阶段性成果。在人才成长成才方面，构建青年人才梯队，营造良好氛围，形成积极势头；通过培养，努力打造充满活力的青年人才队伍，展现出卓越的业务能力；跟踪培养，成功形成个人职业发展快车道。在组织经营管理层面，提供优秀青年"人才池"，加速青年人才成长与发展，挖掘高潜特质人才，为公司业务创新提供支撑。

三、结语

国有企业青年人才梯队建设是企业发展的关键环节。各企业应注重培养青年人才，激发其潜能与创新力，为企业发展注入新动力。衷心希望各国有企业能以此为契机，推动企业高质量发展，造福员工与社会。

新时代人才管理与绿色管理融合发展路径研究

主要完成人：刘泽坤

所在单位：大唐环境产业集团股份有限公司

一、引言

习近平总书记在中国共产党第二十次全国代表大会上的报告中强调，人才是全面建设社会主义现代化国家的基础性、战略性支撑，是第一资源。深入实施人才强国战略的伟大进程离不开各个组织单位的积极响应和密切配合，各级管理者需要理解人才相关规律，根据实际情况，做好人才管理工作，培养德才兼备的人才，激发人才活力和创造力，实现人才的潜在价值，真正做到人才引领驱动，并着力实现人才链与创新链、产业链的深度融合。在新时代水利事业高质量发展的大背景下，高素质水利人才队伍建设是国家水利事业可持续发展、高质量发展的关键保障，也将构筑各个组织的持续竞争优势。

在国家水利事业发展的新征程中，在充满不确定性和复杂性、资源短缺和竞争加剧的外部大环境下，党的二十大报告明确指出，中国式现代化是人与自然和谐共生的现代化，党的十八届五中全会也提出创新、协调、绿色、开放、共享的发展理念。因此，处理好人才管理工作与绿色管理工作的关系，兼顾和协调好人才管理工作与绿色管理工作，就成为新阶段开展好水利工作的一条必由之路。如何做好人才管理与绿色管理的有机结合，逐渐成为水利事业管理实践中一个亟待解决的现实问题，该问题的解决也具有重要的现实意义。然而，此前的文献和调研缺乏对这一问题的充分关注和深入探讨，并未给出相对完整的解释和解决策略。

人才工作要求人才的选拔、培养、评价、使用、保障要以德才兼备为导向，即人才建设和发展不仅要强调人才在能力、知识、技能等方面的出色表现，符合国家和各组织的战略大方向，也要重视人才在思想和综合素质等方面的引领作用。在这当中，对人才绿色、可持续发展观的培育及其相关社会责任履行的关注和引导尤为重要，对该问题的探究和新的发现于不同组织的人才管理具有一定的普适性和借鉴意义。在当今人工智能与新兴技术高速发展的背景下，人才管理面临更多、更大的机遇和挑战。只有坚持人才绿色发展观念，人才肩负社会责任，可持续发展理念才可能得到真正的贯彻和落实。

因此，本研究的主要目的是在梳理人才管理与绿色管理的科学研究成果的基础上，厘清人才管理与绿色管理的概念内涵和研究进展，在此基础上探讨两者融合发展的逻辑基础，进而结合人才管理与绿色管理相关科学规律，构建有关新时代人才管理与绿色管理融合发展的路径模型，为新时代国家水利人事人才工作提供兼顾理论和实践价值的建议和启发。本研究认为，在水利人才的管理过程中，应当注重与绿色管理的融合，培养和塑造人才队伍的绿色观念及社会责任，构建和倡导绿色发展的环境，引导人才实现更多绿色发展和学习创新。

二、人才管理与绿色管理的概念内涵和研究进展

（一）人才管理的概念内涵和研究进展

人才通常是指那些高潜力员工、具有战略重要性的员工或身处关键职位的员工。人才管理包括对这些人才的有计划、系统的吸引、识别、选择、发展、保留和部署，其目标是创造战略上可持续的组织成功。

近年来，越来越多的人开始重视对人才管理的研究和探讨，并取得了一些有价值的发现和成果。一些研究者围绕新时代人才发展治理，提出政府部门、市场主体和社会组织共同形成的多主体协同参与的治理模式。一些研究者探究了人才链与创新链、产业链如何有效融合并形成闭环，通过梳理美国人才链支撑创新、产业链的政策经验来提炼中国人才管理发展路径。一些研究者基于社会网络的视角，发展了一个有关组织

间人才流动的整合研究框架，包括人力资本社会网络影响因素、后果、影响其作用发挥的情景条件。此外，一些研究者强调，在人才管理过程中，应注重人才管理背后的基础设施建设，包括组织、数据、交付和情报四个主要模块。一些研究者基于 269 个城市数据的分析发现，人才创新高地建设显著提高了整个城市的经济高质量发展水平，并且，城市创新能力在这一过程中起到强化调节作用。一些研究者考察了人才管理如何与企业数字化转型的大趋势衔接的相关问题，围绕传统的选、育、用、留四个关键环节提出了数字化工具赋能人才管理的针对性建议。还有一些学者研究了地区人才政策对城市创新的促进影响及其不同的实现路径。

也有一些研究者聚焦特定领域人才的管理情况。例如，一些研究者提出破解制造业人才所面临的结构性错配问题的五大政策思路，包括坚持创新引领、实现协调推进、贯彻绿色理念、促进开放合作和推进共创共享。一些研究者关注到中国科技创新人才的发展和质量评价，探究了科技创新人才能力提升的策略。还有一些研究者围绕人才的国际化展开探索。

（二）绿色管理的概念内涵和研究进展

绿色管理是在追求环境可持续、避免粗放式经营和生产管理带来的严重后果的大背景下的一种新兴管理方式。本研究所关注的绿色管理主要是与人才管理联系最为密切的绿色人力资源管理。绿色人力资源管理是指组织当中的人力资源管理及相关部门，从生态环境视角出发，实施可持续导向的发展措施。从管理实践的角度出发，绿色人力资源管理反映出将"保护环境议题"融入人力资源管理的各个职能模块当中，旨在强化组织中的员工对组织可持续发展相关议题的认知和承诺，提高员工与组织环境发展战略的一致性，帮助组织应对有关可持续性发展的诸多要求。在新时代大背景下，绿色人才管理是企业履行社会责任在微观领域的具象表现。

组织中的绿色管理，目标和关键都在于塑造和鼓励员工开展更多的绿色行为。员工的绿色行为被认为包括组织中的个体所做出的那些对环境友好、给环境保护带来积极影响或将对环境的潜在破坏降至最低的一系列行为。员工绿色行为也被认为是亲环境行为在工作场所中的一种特殊表现形式。具体而言，绿色管理下的员工绿色行为的表现形式包括但不限于避免不必要的打印等节约资源行为、学习和与同事分享绿色环保相关知识、开发和创造绿色产品、识别有利于环境保护的方式以及为组织环保实践积极建言献策等。

近些年来，在组织管理领域，绿色管理有关问题得到了越来越多的关注。一些研究者研究发现，绿色变革型领导和绿色人力资源管理交互促进了员工开展更多绿色行为。另有研究进一步指出，绿色自我效能、环境自我责任和环境激情作为中介，在其中起到了解释的作用。而倡导绿色招聘、绿色培训和绿色薪酬绩效激励等的绿色人力资源管理也通过提高组织的绿色动态能力而促进了组织的绿色技术创新水平。高管团队对绿色管理实践的承诺也显著地预测了组织的正向环境绩效。另有研究者通过实证研究发现，企业首席执行官对环保的信念显著影响了组织内部绿色人力资源管理活动的开展，进而同时积极影响了组织的环境和财务绩效。也有研究者关注到组织内部的领导者如何通过涓滴效应影响员工的绿色行为。

三、人才管理与绿色管理融合发展的逻辑基础

本研究指出，有必要将人才管理与绿色管理放在一个整体视域下进行探讨和理解，挖掘两者之间的潜在联系，以更好地实现协同式发展，共同促进国家和组织整体战略目标的实现。本研究认为，将人才管理与绿色管理建立联系，努力实现两者之间的融合发展，具有如下几个方面的共同逻辑基础。

（1）人才管理与绿色管理都蕴含着对可持续性、可持续竞争优势的关注，两者都反映出将可持续理念注入组织日常决策、活动的需求和动力，这构成了两者融合发展的目标前提。在人才管理对可持续性的关注方面，人才往往具有高绩效或者高潜力，人才管理能帮助组织及时地应对变化，以及高效地做出响应，因此被认为是组织存续和可持续发展的

必要条件。组织进行人才管理的目标也是为了获取持续的竞争优势。绿色管理方面对可持续性的关注则聚焦组织和个体所承担和履行的社会责任，尤其是处理好组织和个体与外部共同环境之间的关系，也就是不仅要满足当代人的需要，而且还要不损害后代人并满足其需要，且具有正外部性。

（2）人才是推进绿色化发展的第一资源。绿色管理目标的实现有赖于人力资本的持续输入和价值创造，这构成了两者融合发展的基础。人才作为一种关键资源，在新时代高质量现代化建设过程中得到越来越多的认可和重视。绿色管理的目标是实现环境友好和发展的可持续性，以及协调好组织与环境之间的良性互动关系，这些离不开绿色产品和流程上的创新，以及绿色管理制度的优化，而这些要素的积累和搭建在很大程度上需要人才的智力贡献和价值创造。可以说，绿色管理所依靠的创新驱动，其背后的实质是人才驱动，人才是绿色创新和支撑发展的第一资源。这一逻辑在当今强调人才链、产业链、资金链等的多链融合以及关注人才链的支撑作用的大趋势下得到越来越多的印证。

（3）绿色管理的理念和实践为人才管理提供了社会规范的依据，是人才管理过程中社会责任履行、道德规范遵守的重要组成部分，这构成了两者融合发展的条件保障。人才的成长和发展需要正确的思想观念引导，人才的潜在社会价值的发挥同样需要管理来驱动和激发。绿色管理在一定程度上塑造了人才的亲社会心理，引导人才协调好个人利益和集体利益，并主动承担起社会责任，有助于人才真正做到德才兼备。已有研究显示，绿色管理实践通过影响员工的道德决策，进而塑造了其行为。绿色管理，尤其是绿色人力资源管理，为人才管理提供了规范性依据，这一潜移默化的塑造过程往往通过对角色榜样的社会学习或者主观规范的逐步养成而实现。一些研究者也在研究中提到，绿色环保管理的亲社会导向有助于人才在管理过程中形成更强的道德责任感。需要注意的是，绿色管理所代表的规范对人才的成长、发展和行为表现，一方面意味着约束和限制，即人才需要在思考和行动时考虑到自己对他人、对外部环境产生的影响，慎重进行决策和开展行动；另一方面也意味着授权和参与，即鼓励员工参与绿色环保相关事宜的决策和管理，让其自主决定如何开展绿色实践。

四、基于多层次、多维度视角的人才管理与绿色管理融合发展路径模型构建

在上述人才管理与绿色管理融合发展的逻辑基础之上，本研究构建了一个人才管理与绿色管理融合发展的路径模型。本研究认为，要实现人才管理与绿色管理融合发展，需要综合考虑并协调宏观和微观的多层次、多维度要素。以往的人才管理领域和绿色管理领域整体理论建构大多借鉴了能力-动机-机会理论框架，提出了多方面的影响因素、影响结果和相应对策。本研究在构建和发展融合发展路径模型时基于多层次、多维度的新视角，为理解人才管理与绿色管理及其融合发展提供了新的思路和工具。

（一）国家政府组织层面

人才管理与绿色管理的融合发展首先要在宏观层面上、国家战略高度上、融合视角下实现协同统筹，积极调动公共社会资源，着力完善相关针对性政策制度，构建引导人才管理方向和倡导绿色发展的包容创新环境，充分发挥举国体制打造人才管理与绿色管理的共融通道和宏观支撑体系。

国家和政府在人才管理与绿色管理中都发挥着举足轻重的作用，应当在政策制定、环境构建和体系完善过程中充分考虑人才管理与绿色管理相结合的可能性和实现方式，创新人才管理与绿色管理的政策体系。这包括面向微观主体和面向人才管理、绿色管理大环境并使之优化的一系列政策，充分发挥党管人才的体制和政策优势。政府需要引导和培育人才重视绿色环保事业，塑造人才的环保道德观念，积极承担与环境保护和绿色创新相关的社会责任，响应和投身国家重大绿色环保和创新事业。政府可以鼓励企业在招聘和培养人才时注重环保和可持续发展，建立绿色人才认证体系和绿色人才交流平台。

在人才政策的制定和评价、奖励体系的制定过程中，可以适当加入对人才绿色观念、环保行为和成果的考量，引导人才亲社会性的培养和对社会环境重要议题的持续关注和贡献，考察人才梯队的绿色创新价值和能力，营造积极学习和分享绿色环保知识、自主参与绿色创新事业的富有活力的人才创新生态环境。这些举措的目标是努力使人才的行为和发展目标与组织、国家的绿色环保目标相一致。在出台相关环保政策、制度时，政府部门也应当充分考虑人才在绿色环保事业发展中的主观能动性和主体性，打造和完善绿色人才的培养平台，优化其结构布局，建设具有环保专业标签的国家战略人才力量储备。此外，政府有关部门也应做好对人才参与绿色环保事业的服务支持，优化人才参与绿色环保的市场环境，尊重人才参与绿色环保事业的自主性，提供必要的资源条件。例如，投资绿色科研基础设施（如实验室、测试基地等），建立绿色创业基金，支持科研人才进行环保技术研究，以及为绿色产品和创新提供税收减免，降低人才参与绿色事业的财务成本，并在此基础上做好对资源配置的整合与协同工作。

（二）企业组织层面

企业组织是市场参与的主体，人才管理与绿色管理的融合发展同样依赖于企业组织打造完善的微观支撑体系。企业组织可以将绿色理念融入企业文化当中，构建绿色的组织形象，塑造绿色的组织氛围与规范，强化人才对企业环保和可持续发展的努力和目标的承诺。例如，近年来，ESG——环境（Environmental）、社会（Social）和治理（Governance）三个方面，被越来越多地作为评估组织可持续发展的框架标准，组织可以在人才招聘选拔和培训发展过程中融入 ESG 理念，强化企业内的人才对企业开展 ESG 以及实现 ESG 相关目标的认同。企业在人才管理过程中，可以吸引具环保观念的员工，制定正式的环境保护制度，并保障制度在日常工作中得到施行、落实，设立环保战略目标和可持续发展政策，提高人才的环境保护绩效，加强人才对绿色产品观念、设计和工艺的理解，企业也可以在对人才的绩效考核中融入有关环境保护、资源节约和绿色创新等方面的评估指标，调动人才的积极性，实时监控和反馈环保绩效完成情况。

企业组织也应为人才参与绿色事业提供必要的支持，包括专门的绿色创新团队、必要的授权和资金来源、包容的绿色创新环境，以及多样化的职业发展和晋升路径。企业可以鼓励人才内部绿色创业，并设立专项奖励，表彰在环保方面取得卓越成绩的人才。这些举措都有助于在组织内部形成绿色导向的微观人才生态系统，并使组织在人才管理过程中展现出正外部性，最终实现商业价值和社会价值的兼顾和共创。此外，企业组织还应充分利用新兴的数字化技术，为人才管理与绿色管理的融合发展赋能。例如，建立人才管理与绿色管理相互联通和对接的数字化平台系统，建立更加及时的绿色管理、人才成长的数据监测和分析体系，帮助企业在人才管理与绿色管理相结合方面做出更加准确的决策，提高融合发展的效率和灵活性，更好地适应外部环境变化和竞争激烈的市场。

（三）各级领导和管理者层面

人才管理与绿色管理的融合发展落到具体的操作层面，需要各级领导和管理者科学、合理地开展工作，在与下属员工互动的过程中首先做到人才观念和绿色观念的融合，并在管理实践中协调好两者之间的关系，做好人才的引导和培养工作。由于其在组织结构和权力体系中的特殊位置，领导和管理者往往会成为员工社会学习的对象以及社会信息加工的来源。已有研究显示，领导的绿色行为会产生"上行下效"的影响，驱动人才自愿关注和考虑环保事宜，并开展绿色行为。具体来说，领导和管理者可以践行绿色变革型领导风格，包括在人才管理过程中施加环保影响力，激发各类人才的环保智力，驱动他们在日常工作中的环保动机，并适当开展与环保相关的个性化关怀。这些领导方式可以充分调动人才参与绿色环保活动和创造的积极性，强化其内在动机，助力人才管理与绿色管理共融发展的真正实现。

五、研究结论与展望

本研究在梳理人才管理与绿色管理已有研究的基础上，创造性地提出并强调，在人才管理过程中，应当注重人才管理与绿色管理的有机结合，两者不应被割裂，并提出了一个基于多层次、多维度视角的人才管理与绿色管理融合发展路径模型。具体而言，本研究首先分别回顾了人才管理与绿色管理的概念内涵和研究进展，在此基础上分析讨论了人才管理与绿色管理融合发展的逻辑基础，最后围绕政府组织、企业组织、各级领导和管理者这三个层面构建了一个基于多层次、多维度视角的融合发展路径模型，为新时代国家水利人事人才工作提供了兼具理论深度和实践指导价值的建议和启示。未来可以在本研究基础上开展更多定量和定性分析，在验证相关逻辑的基础上对模型进行进一步的拓展和阐释，丰富人才管理与绿色管理融合发展的理论内涵和实践应用方式。

数字化转型背景下如何有效促进
人才主动性的研究

主要完成人：陈科宇

所在单位：对外经济贸易大学

一、引言

在新时代中国式现代化的伟大征程中，数字经济是重要的推进引擎。"十四五"规划将"加快数字化发展，建设数字中国"作为一个单独的篇章提出来加以阐述，足以见得数字化实践对未来中国发展的重大价值。2021 年，《国务院关于印发"十四五"数字经济发展规划的通知》指出我国的数字经济将转向深化应用、规范发展、普惠共享的新阶段。新兴数字技术及其相关产品在很大程度上改变了人们工作和生活的方方面面，为社会发展注入了新的动力。很多组织都在准备、开始或正在经历数字化转型变革。对于水利事业的发展而言，数字化进程同样有着重要意义，数字技术和相关成果应用也正在持续赋能水利建设和发展，贡献于水利基础设施建设、水库检测感知、水利工程管理等多个方面。

数字化转型背景下，人才管理工作同样受到关注。习近平总书记在中国共产党第二十次全国代表大会上的报告指出，人才是第一资源，要坚持人才引领驱动，人才与教育、科技一并被视为全面建设社会主义现代化国家的基础性、战略性支撑。而数字化转型给新时代人才管理提出了新的要求，人才常常需要面对的是具有高度不确定性、高度竞争性和充满挑战的工作环境，并且从事更加复杂困难和需要发挥创造力、贡献更高水平的知识和技能的工作。在这样一个充满变革的大背景下，组织要想更好地应对这些挑战，真正做到人才引领发展以及实现可持续发展的目标，就需要充分调动起内部人才的工作主动性，鼓励员工着眼于未来，自发、积极求变，发挥其主观能动性。人才并非被动的接受者，而是具有主动性的价值创造者。人才主动性的发挥是组织在数字化时代下发展和创新的重要保障，具有战略高度和全局意义。否则，组织的发展和数字化转型可能面临持续力不足和陷入困境的局面。

然而，在现实实践当中，组织中人才的主动性在很多时候没有得到充分的调动，管理者也常常对如何有效激发员工主动性缺乏理论认识和理解。因此，本研究旨在通过建构相关理论模型，以弥补理论和实践上的鸿沟，帮助研究者和管理者理解如何在数字化转型背景下促进人才的主动性，并为人才管理理论发展和实践提供有价值的指导和建议。本研究首先对人才和人才管理相关理论研究文献进行了回顾，厘清其概念内涵和研究进展。然后，研究分析和讨论了数字化转型背景下人才管理的特征。在此基础上，本研究基于一些研究者提出的激发个体主动行为的三维度理论视角，构建了一个数字化转型背景下如何有效促进和提高人才主动性的理论框架。

二、人才和人才管理的概念和研究进展

相关研究人员对人才和人才管理的主要研究介绍如下：

人才通常包括那些被视为有高绩效或高潜力的员工，他们对组织战略目标的实现和核心竞争力的保持有重要价值和贡献，并且难以被取代。人才可以被理解为人力资本，表现为能够产生持续的经济社会价值的组织能力中的知识、技能和胜任力情况，人才管理则涉及对人才的吸引、识别、发展、保留和系统部署。人才管理对整个组织具有重要的战略意义。战略人才管理则要识别关键职位，然后找到和培养有高绩效或高潜力的人才来填补这些位置，并确保这些人才对组织的承诺。

学者们从不同的视角出发开展了人才管理研究，并取得了诸多成果：一些研究者通过构建人才的稀缺性和可塑假设两个维度，将不同管理者对待和管理人才的哲学分为四种类型，解释了不同组织、不同管理者在人才管理上的差异；一些研究者将人才管理系统与组织动态能力联系在一起，认为人才管理具有强烈的情境性，人才管理被视为组织的动态能

力，用于创造价值，并影响了组织的敏捷性；一些研究者聚焦人才的分类问题，提出人才分类框架的逻辑思路和设想；一些研究者基于多案例探索分析，提炼了人才链支撑创新链与产业链融合的动态协同模式。

关于人才生态系统的构建，一些研究者揭示了人才创新创业生态系统的结构要素和多主体共同参与的运行机制，一些研究者分析了不同类型的人才政策对城市人才生态环境的影响。在现如今劳动力和创新竞争日益激烈的大背景下，高质量人才的流动也得到越来越多的关注和研究，包括人才在全球范围内的流动和人才在国内不同区域、不同组织之间的流动。一些研究者将视角放在了全球范围内的人才管理，分析了跨国公司的人才管理与其绩效之间的关系。在具体的人才类型上，科技创新人才受到研究者们的重点关注，例如：一些研究者测算了全球不同经济体的科技人才发展指数，对比评估了中国科技人才队伍建设存在的优势和劣势；一些研究者则关注到科技人才评价方面存在的问题和挑战，并提出了相应的政策建议；一些研究者关注了制造业人才结构性错配问题，并提出坚持创新引领、实现协调推进、贯彻绿色理念、促进开放合作、推进共创共享几个方面的应对建议。

三、数字化转型对人才的影响以及激发人才主动性的必要性

数字化转型是指组织综合利用信息技术、计算技术、通信技术和连接技术等来驱动组织各种属性发生重大变化，进而实现组织的整体提升的重要变革过程。在当今时代，大数据、人工智能、物联网等新技术正在重塑人们的工作和生活。人才在日常工作中面临着数字化转型带来的工作方式、社会交换和组织结构等方面的基础性转变。例如，虚拟团队和远程办公逐渐成为常态，灵活用工制度的推行使人才面临身份转变。一方面，数字技术使信息交流互动和沟通效率大幅度提升，知识获取和共享更加便捷；另一方面，知识爆炸和信息过载也使学习压力陡增，工作任务的需求和资源都发生变化。数字化转型使传统人力资源管理以更加自动化、智能化的方式运作。工作情境中生成式人工智能和各式各样的机器应用也让人机协同越来越不可避免，并带来道德决策、数据公平、

隐私保护等诸多方面的挑战。

数字化变革及其影响下的动态的、复杂的、竞争激烈的市场环境，对组织的敏捷性提出了更高的要求。因此，组织中的人才需要有更高的预见性，做出更多有前瞻性的主动行为，主动调整自己的认知和表现，改变环境，以适应复杂变化和数字化新时代，而非被动地接受和响应。人才在组织应对可持续性的挑战，以及做好复杂变化环境下的敏捷响应过程中，扮演着不可或缺的牵引角色。研究者们也发出了类似的关切，呼吁重视数字化时代下人才的自我领导和自我激励，充分发挥人才的主观能动性。

四、数字化转型背景下促进人才主动性的理论框架构建

一些研究者提出，个体的主动行动是一个有动机的、有意识的、有目标导向的过程，而有三种积极主动的心理状态驱动了个体的主动行为，包括有关"可以去做"的动机、有关"有理由去做"的动机和有关"有能量去做"的动机。通过影响这三种心理状态，可以有效提升员工在工作中的主动性，而缺少这三种状态中的任何一种都可能削弱主动行为出现的可能性。

本研究在理解个体主动性激发这一框架基础上，结合当今数字化转型的背景特征和人才及人才管理特征，发展了一个数字化转型背景下如何有效促进人才主动性的理论。

（一）提高数字化转型背景下人才"可以去做"的动机状态

人才在工作中主动性的发挥首先可能受到人才对自身行动可能产生的结果所做的评估的影响，即人才的主动行为（例如建言献策、分享知识等）是深思熟虑决策后的结果，经过了成本—效益的考量。在当今数字化转型过程中，人才主动使用新的技术和数字要素对现有流程加以改变和创新，往往伴随着不确定性，可能遭到他人的怀疑和抵制，具有一定的风险，因而他会考虑行为的可行性。

因此，要调动人才主动性，首先需要让人才相信自己在新的数字化

工作情境中的能力，相信自己的努力能够取得成功，也就是提升人才的自我效能感。在这方面，领导和管理者需要经常开展与数字化转型变革相配套的学习和培训，提高人才队伍有关数字化的知识素养和技能水平，使人才对适应数字化工作环境有信心，能够胜任新的工作任务。在数字经济时代，数字化思维和相关的数字素养是人才管理中需要强调的，也是组织社会化过程中每个人才需要具备的。组织可以通过在线课程、研讨会和工作坊等形式，助力员工不断适应和应对数字化环境变化。另外，调动人才主动性，也需要让人才感受到自己对数字化转型的环境是可掌控的，即降低数字化政策推行过程中伴随的人才可能感知的不确定性。例如，功能越来越强大的智能技术和分析系统可能让员工感到自己未来可能被机器和算法替代，自己的优势技能越来越缺乏发挥的空间，自己就算发挥了主动性，自身价值也难以得到实现。针对这种情况，管理者可以搭建多条沟通渠道，丰富多种沟通方式，强化数字化转型过程中与人才的沟通交流，重视受到数字化变革冲击的一线人才的反馈，减少信息不对称的情况。人才掌握有关数字化转型开展、过程和计划等信息，有助于人才建立起对变革的预期，进而增强他们对变革环境的掌控感，从而更愿意发起自主行为。此外，人才对人工智能的信任问题和对技术的焦虑也需要注意。组织应提供及时、具体和正面的反馈，让人才了解他们的工作表现情况，以便能够及时调整和改进。

领导和管理者在数字化转型过程中做好对人才的包容，给予人才充分的试错空间。主动行为常常意味着对现有环境的改变和对旧有流程的打破，这样才可能实现创新和发展。然而，改变和打破也意味着可能的失败，可能无法达到预期的结果，这也是人才在数字化创新情境下所背负的成本。组织和管理者应从制度保障和资源支持等方面入手，减轻人才在主动求变中的担忧，这样才能在组织中更好地建立起人才持续探索、学习和创新的循环上升机制。

（二）提高数字化转型背景下人才"有理由去做"的动机状态

除了"可以去做"主动行为之外，帮助人才确立"有理由去做"主动行为同样重要，也就是给员工提供令人信服的理由，促使其在数字化情境下采用更加积极主动的方式进行工作。数字化转型给人才的工作和生活带来了翻天覆地的变化，新的数字化要素正在逐步替代原有的工作要素，人才在这一过程中可能面临意义感和价值感的缺失，在强大的机器算力和智能辅助面前感受到自身的无力，从而缺少积极主动开展工作、改变现状的理由。因此，数字化转型背景下的人才管理工作应充分关注促进人才"有理由去做"的动机状态。有多方面的管理措施都可能有助于塑造和引导人才的这一动机状态。具体而言，组织可以通过为数字化相关人才提供明确的晋升路径和发展机会，使其能在组织中清晰地看到自己的发展空间，从而激发其投身于数字化转型工作的主动性。组织也可以建立公开表彰和创新奖励机制，鼓励员工提出新想法、解决新问题，并将其与整个组织的数字化转型目标对齐。

此外，领导和管理者应该努力让人才在数字化工作情境中感觉到自身工作是有趣的，激发他们自发地努力、坚持并朝着正确的方向前进。根据自我决定理论，三种基本心理需求的满足有助于个体内在动机的激发，分别是有关自主性的需求、有关胜任的需求和有关人际联系的需求。与此对应，领导和管理者可以从构建或提供满足上述三个需求的环境和资源切入，更好地调动起人才的内在动机和随后的主动行为。例如，领导者应当对人才授权赋能，充分下放自主权，向人才强调其自身行为和工作的重要性，让人才面对数字化转型和在开展新的工作实践对有内在动机，而非外在强加的压力，这将有助于人才在完成规定的核心任务之余，主动作出额外的贡献，自发思考创新优化产品、流程和服务的方式。充分利用信息技术为员工赋能，促进员工的自我领导和影响，激发其内在动机和自我控制。在数字赋能工作场景的今天，那些优秀、稀缺的人才更倾向于与组织建立对等合作的伙伴关系。组织也可以考虑更具价值主张的数字战略，强调参与、敏捷、探索和持续改进的数字化组织文化，让人才在工作环境中内化组织的价值观。人才管理过程中也应该注意构建人才与其他员工之间和谐互助的良好人际关系，以正式或非正式的沟通交流、配合协助的友好氛围，让组织中的人才对关系的需求得到更好的满足。另外，获得这种主动性的理由也可能通过向人才传递其责任感和社会价值感来实现，也就是通过强调人才在数字化转型中的主动行为可能使周围的其他人获益，让人才感受到自己的主动行为可能给其他人带来积极影响。总体而言，数字化转型对人才管理提出了新的要求，组织和管理者应该重视建设和丰富人才在工作中的意义感。

（三）提高数字化转型背景下人才"有能量去做"的动机状态

一些研究者指出，积极、激活的情感状态也有助于个体主动性的激发。研究发现，积极的情感拓展构建了个体的行动－思想库，驱动个体设定更有挑战性的目标，并朝着目标的完成持续努力。相对于"可以去做"的动机状态和"有理由去做"的动机状态，"有能量去做"的动机状态强调在数字化工作情境中应同样重视人才的情绪、情感情况，调动起人才的工作激情，将有助于其在面对挑战和复杂变化时主动迎战。数字化工作可能给员工带来较大的压力和较多的紧张感，这需要组织和管理者认真对待，关注人才的心理健康问题。为了缓解这些压力，组织可以采取积极的心理健康支持措施：首先，提供定期的心理健康培训，使员工能够更好地理解和应对数字化工作环境中可能出现的压力源；也可以借助数字化工具，为人才提供灵活的工作安排，让人才能够更好地平衡工作和生活。这些努力有助于减轻人才感受到的工作压力，并提升他们的积极情绪。

五、研究结论和未来研究展望

本研究在厘清和梳理人才管理相关概念内涵和研究进展的基础上，将数字化转型管理与人才管理结合起来，分析讨论了数字化转型对人才的影响，以及在这一时代背景下激发人才工作主动性的必要性。鉴于以往研究中有关如何激发数字化时代下人才的主动性缺乏相应的理论认识和框架构建，相关知识与实践发展存在一些脱节情况，本研究构建了一个理解数字化转型背景下人才主动性促进方法和过程的理论框架。本研究所做的努力有助于推进人才管理尤其是数字化时代下人才管理的知识积累，增进研究者和管理者对新时代下人才管理机理的理解。本研究的成果也具有一定的实践价值，促进人才主动性的思路为正面临数字化转型实践的组织领导和管理者提供了启示和有价值的建议，可以依据这一框架体系设计相应的规章制度和管理措施。

本研究也仅仅是一个初步探讨，未来研究可以进一步沿着本研究的理论框架，采用多种方法和途径，开展更多实证研究，以深化对数字化转型中调动人才主动性的理解。例如，未来研究者可以在某些具体的组织内部开展激发人才主动性的实践活动，引入不同的组织管理策略，如赋权、培训、激励机制等，然后对人才群体开展问卷调查，探究数字化情境下这些具体的组织管理实践与人才主动性发挥的量化关系。研究者也可以开展质性研究工作，深度访谈一个或多个组织中不同部门、不同岗位以及不同级别的人才，通过这种方法，可以收集到丰富的实地经验和观点，以揭示组织在数字化转型过程中调动人才积极性的具体过程和激励机制。结构化的主题分析等方法可以帮助研究者系统整理和归纳这些信息，提炼出普适性的调动人才主动性的最佳实践。未来研究还可以考虑探讨不同文化和行业背景下数字化转型对人才主动性的影响差异。面对不同数字化挑战的情境，比较跨国企业、不同行业的组织，有助于形成更加全面的理论框架，为实际管理提供更具体和实用的指导。

内蒙古自治区水文行业干部教育
培训体系建设探索

主要完成人：王天晓
所在单位：内蒙古自治区水文水资源中心

人才是水文行业高质量发展的基础和前提，水文行业要适应新时代发展的新趋势，更高效地为人民群众服务，必须重视人才的培养和建设，不仅要提高人才的学历水平和知识储备，更要提高人才的专业技术水平和工作能力，使其能够将理论知识充分运用到实际工作中去，这就需要完善的干部教育培训体系，来保障水文行业的人力资源质量。

长期以来，内蒙古自治区水文行业干部教育培训体系存在着很多不足，培训体系建设工作在水文行业一直处于边缘、弱势地位，一方面，培训形式创新性不足，培训理念和课程资源的更新没有做到与时俱进；另一方面，水文行业在培训体系建设方面经验不足，导致培训效果不能达到预期水平。这对于水文行业人力资源质量保障非常不利，需要引起管理人员的重视，要积极探索优化手段，采取相应改进措施，不断调整内部结构，以期进一步加强人才队伍建设，为内蒙古自治区水文事业持续健康发展打下坚实基础。

一、干部教育培训体系的概念

干部有接受教育培训的权利和义务，干部教育培训的对象是全体干部。干部教育培训的概念可以这样来定义，由干部所在单位或有关培训机构通过科学有效的教学方法向干部传授理论知识或专业技能，以期提升其理论水平或业务能力，进而达到建设高素质干部队伍、提升单位整体水平的目的。干部教育培训是对全体干部开展的有目的、有计划、有组织的训练活动，是建设高素质干部队伍的先导性、基础性、战略性工程，在推进中国特色社会主义伟大事业和党的建设新的伟大工程中具有不可替代的重要地位和作用。要完成干部教育培训工作目标任务，就要建设完善的干部教育培训体系。干部教育培训体系由培训的内容、方法、保障、制度四个方面共同构建，互相协调配合，形成合力。

二、干部教育培训体系建设的作用

建设高素质干部队伍是事业单位持续健康发展的必要条件。作为水文事业发展的基石，干部队伍的质量决定了水文事业发展的高度。干部队伍的整体素质越高，则水文事业发展的"大厦"越宏伟巍峨；反之，干部队伍的整体素质不高，水文事业的发展也会早早触及"天花板"，缺乏后继的实力和动力。干部教育培训体系建设一方面能够提升干部的理论水平和实践能力，另一方面也能够对干部的心理健康、行为态度等有所促进，对建设高素质干部队伍具有重要作用。

（一）有利于提高工作绩效水平

干部教育培训体系建设最直观的作用是有利于提高工作绩效水平，提升水文整体工作质量，丰富水文各项成果，筑牢水文事业发展之"基"，从而促进水文事业的高质量发展。

面对工作任务，不同干部对有关政策理论、操作流程等知识理解的深度和广度并不一样，这就导致在完成工作任务的过程中，不同干部的工作进度不同、工作质量不同，最终完成的效果自然也就参差不齐。这就需要及时优化干部教育培训内容和方法，对有关知识进行统一教授和讲解，以期提高干部的工作效率和质量，充分调动干部积极性，保证工作任务圆满完成。

当然，干部教育培训内容和方法并不能"一刀切"，面对不同的培训对象，一定要有相应的培训侧重点，才能实现干部绩效水平的整体提高。比如，新入职的干部对行业制度、工作内容等方面较为陌生，因此，系统性、认知性的培训就必不可少；而对现有干部来说，他们对行业已经有了较为全面的认知，为进一步提高工作绩效，就需要提高培训的针对性和实用性，一方面不断吸收新的知识技能；另一方面要提升现有工作技能，从而实现干部整体素质的提高。

（二）有利于优化干部职业生涯规划

对干部来说，帮助其不断调整优化职业生涯规划，是干部教育培训体系建设的目的之一，能够让干部发现更多可能、寻找更多机会，为水文事业的发展贡献自己的力量。

干部教育培训为干部提供了补充知识和学习技能的机会，一方面，能够提升干部业务能力和工作水平；另一方面，也有利于干部职业生涯规划。按照马斯洛需求层次理论，随着干部低层次的需求不断被满足，干部在能够获得合理的薪酬、完善的保险等的基础上，会更加追求被尊重的需要和自我实现的需要，对实现自身价值的愿望日益强烈，而干部教育培训正是促进干部寻找自身发展方向、实现自身价值的"推进剂"。干部教育培训可以充分开发干部潜能，拓宽干部视野，让干部更加了解自己的能力所在，找到自己的发展路径和方向，对自己的职业生涯规划进行完善和优化，进而实现其个人职业发展目标。

（三）有利于增强人才吸引力和凝聚力

干部教育培训体系建设是增强人才吸引力和凝聚力的重要措施。一是留住现有干部，增强干部凝聚力。拥有优秀、团结的干部团队是事业发展的必要条件，因此，要积极开展干部教育培训，不断完善干部教育培训体系，不仅可以提升干部团队的整体素质，而且能够促进干部在培训过程中研讨交流，增强合作意识，激发干部凝聚力，提升其对单位的认同感。如果干部教育培训体系建设工作滞后，内容和方法不科学、保障和制度不完善，那么，干部本身的素质就很难得到提高，知识更新和能力提升不及时，一部分要求进步的干部就有离开单位的可能，导致干部凝聚力下降，干部流失率上升，不利于事业持续健康发展。二是吸引优秀干部，增强人才吸引力。完善的干部教育培训体系是吸引优秀干部的重要因素，干部在选择单位时，会注重自身事业的发展，而干部教育培训体系是干部事业发展路径的"风向标"，因此，干部会根据一个单位的干部教育培训体系来判断今后其在单位中的发展方向。

由此看来，干部教育培训体系建设对人才队伍建设的作用举足轻重，要建立科学有效的干部教育培训体系，为建设高素质干部队伍、保障水文事业持续健康发展精准发力。

三、内蒙古自治区水文行业干部教育培训体系建设存在的问题

（一）对干部教育培训体系建设的重要性认识不足

从观念意识方面来看，第一，在单位层面，内蒙古自治区水文单位对业务工作的重视程度一般会更高，要求也更加严格，但却对干部教育培训体系建设的重要性认识不足，没有将培训作为提高干部素质的有效手段。在对干部的分配和使用过程中，更看重干部当前的素质和特点，在一定程度上忽视了对干部职业生涯发展的长远规划，使得干部素质的提升效果不够好、不够快，从而导致内蒙古自治区水文事业的发展速度较低，甚至后继乏力。第二，在个人层面，有些水文干部没有融入到干部教育培训体系建设中去，对自身能力的提升不积极、不主动，缺乏明晰的发展方向和长远的职业规划，很多时候是将培训当成任务去完成，不注重培训实效，还有些水文干部平时忙于业务工作，往往将业务工作的优先级安排到培训之前，只沉浸于当前的工作任务，以完成工作任务为首要目标，无暇顾及在培训中学习新知识、掌握新技能，因此失去了很多快速成长的机会。

（二）干部教育培训内容缺乏针对性

从培训内容方面来看，内蒙古自治区水文行业干部职务层级宽、年龄跨度大，培训内容缺乏相应的针对性，具体表现为：一是缺乏岗位性培训内容，按照岗位类别细分后，即缺乏对管理岗人员政治理论和管理能力的培训、对专业技术人员学术水平和研究能力的培训、对工勤技能人员实践技能的培训；二是缺乏层级性培训内容，没有综合考虑不同干部的年龄和业务能力，即缺乏对新入职人员的普适性任职培训、对年轻

干部的能力提升培训、对中层干部的技术研讨培训等；三是缺乏与当下水文行业发展关键任务相统一、相匹配的培训内容，与正在进行中的业务关联性不强。

（三）干部教育培训方法创新性不够

从培训方法方面来看，内蒙古自治区水文行业现有的干部教育培训方法多为讲师授课式，这种模式更偏重于讲师单向的理论知识输出，存在的问题包括：一是讲师与学员的互动形式创新性不够，在培训过程中缺乏与学员的互动交流，或者有安排互动交流环节，但互动交流时间较短，学员思考不够充分，互动交流不够深入，因此不能有效解决学员存在的问题；二是讲师的教学形式创新性不够，培训形式较为单一，没有探索学员更感兴趣、更易接受的教学新模式，缺乏对新媒体、新技术、新理念的应用，导致学员在学习过程中容易产生懈怠和畏难情绪，影响学习效果。

（四）干部教育培训保障力度不够

从培训保障方面来看，内蒙古自治区水文行业主要存在经费保障力度不够的问题，培训经费多来源于财政拨款，经费申请及审批流程复杂，且往往用在业务工作、项目建设等方面的经费多，培训方面的经费少，造成培训机会少、培训时间短、师资力量弱等各种问题，经费支持跟不上培训需求，这在很大程度上限制了内蒙古自治区水文行业人才的成长，也不利于水文事业的发展。

（五）干部教育培训制度不完善

从培训制度方面来看，内蒙古自治区水文行业现有的干部教育培训制度存在不完善的问题。在国家和自治区有关规定的框架内，并未出台相关实施细则，包括对培训的组织领导、事务统筹、训后调研等环节的职能职责分配和落实等，使得培训流程不完整，没有达到最优的培训效果。具体来说，一是缺乏培训前的需求调研环节，没有深入了解水文干部对培训的具体需求，导致培训工作缺乏与业务工作的深度融合，使得培训针对性不够、实效性不强、有效性不足，当培训内容能够运用到业务工作中时，可能又因距培训时间过久，干部对培训内容的记忆不深，使得培训的实际应用效果大打折扣。二是缺乏培训效果反馈环节，没有及时了解干部对培训内容的掌握程度和综合评价，不利于对后续培训内容、培训形式等方面的改进和提升。

四、内蒙古自治区水文行业干部教育培训体系建设策略

（一）提高对干部教育培训体系建设的认识

建设内蒙古自治区水文行业干部教育培训体系，首先要提高认识。观念意识的提高是开展工作的"敲门砖"，是指引建设方向的"灯塔"。只有更新观念意识，才能激发水文行业干部教育培训体系建设的内生动力。一方面，作为水文单位管理人员，要摒弃重业务、轻培训的思想，着眼水文事业发展的长远规划，将干部资源看作水文事业发展源源不断的动力，将干部教育培训体系建设提到重要日程上来，让培训促进干部资源的不断丰富，同时，随着干部资源的不断优化，进一步促进干部教育培训体系的不断优化，从而能够满足不同层次干部的培训需求，使培训更具针对性、实效性。另一方面，水文干部本人要提高认识，要持续将提升自身能力素质和业务水平摆到首要位置，在沉浸业务工作的同时，也要多"停下来"思考，积极学习新理念、新方法、新思路，从而能够更高质、高效地完成工作任务，达到"边成长边工作、边工作边成长"的目的。

（二）加强培训内容的针对性

水文行业的每个部门、每个岗位都具有一定的特殊性，对专业知识水平和实践能力的要求不尽相同。培训部门在制订培训计划时，要加强培训内容的针对性，在培训课程、培训地点、师资力量等方面因人、因时、因地制宜。培训课程要立足水文行业发展现状，紧跟科技发展趋势，按照不同岗位学员需求的培训方向，可以分为基础理论课程、实践技能

课程和技术前瞻课程；按照同岗位人员情况，可以分为岗前培训、在职培训、转岗培训和专项培训。对课程进行细分，可以有效加强培训的针对性，做到"普岗普训，特岗特训"。

（三）追求培训方法的创新

要激发学员的参训积极性、提升培训效果，干部教育培训体系建设就要在培训方法上不断追求创新。在确定培训方法前，要综合考虑培训对象特点、培训需求等各方面，积极探索新的培训方法，在传统的集中面授、直播讲解等方法的基础上，加强培训的实践性、互动性、激励性等，将理论知识与亲身实践、交流研讨、技能比拼结合起来，让学员在学习的过程中身临其境，进一步加深学员参训后的知识印象，以期达到更好的培训效果。

（四）持续强化培训保障

专项培训经费专管是加强内蒙古自治区水文行业干部教育培训的重要路径。国家法律规定，职工培训经费应占其工资总额的 2%。然而，部分水文单位培训经费仍然存在不足的情况，各水文单位对培训经费的使用情况存在差异，有的单位不提取培训经费，有的单位将培训经费挪作他用，培训经费使用过程中也缺乏有效监督。针对上述情况，可以设立专门的机构，派专人统筹管理培训经费，持续强化培训保障。培训前要对培训机构进行资质评估、培训方案审核等，确保培训实施的可行性和必要性，培训完成后要对培训结果进行考核，培训专项经费应专款专用，避免挪作他用。

（五）进一步完善培训制度

要紧紧围绕干部教育培训主体，出台完善有关制度，明确组织领导、职能职责、培训流程等。其中，组织领导、职能职责需分配明确、责任到人。培训流程一般遵循需求采集、计划、实施、效果反馈等步骤。首先，在制订培训计划前，培训组织部门要向水文各部门职工广泛征集培训需求，然后针对需求精准施策，结合实际情况对培训需求进行筛选、统筹及完善，最终形成合理恰当的培训计划。第二，在计划和实施过程中，一方面要随时根据新政策、新规范的要求，以及重点工作和任务的开展情况，对培训计划进行实时调整，保证培训内容与现实工作紧密结合，努力提供最新的培训支持；另一方面，要制定培训工作相应的流程和管理办法，从制度方面保障学员参训情况，保证培训的顺利开展，督促学员积极参与培训。第三，培训结束后的效果反馈环节至关重要，可以采用集中研讨、问卷调查等方式测试培训效果，同时接受学员对培训体验的各项反馈。

五、结语

内蒙古自治区水文行业干部教育培训体系建设是提升干部能力素质的有效手段。水文单位管理人员要提高观念认识，有针对性地开展培训，积极寻求创新性的培训方法，完善培训制度，分类分级、规范管理，开展培训效果评估及反馈，建立切实有效的干部教育培训体系，推动建设规模宏大、结构合理、素质优良的水文人才队伍，让水文事业激励水文人才，让水文人才成就水文事业。

水利行业建设工程管理从业人员业务技能提升培训体系建设研究

——以云南省水利工程行业协会会员单位建设工程管理从业人员为例

主要完成人员：平璐　杨海强　谭家斌　隋洋　黄钰淇　周红芸

所在单位：云南省水利工程行业协会

一、研究目的和意义

（一）提升从业人员业务技能

建立健全完善的企业从业人员业务技能提升培训体系，能有效指导企业开展从业人员业务技能培训。通过系统、有效、规范的培训，从业人员可以获得所需技能和知识，增强他们的自信心和归属感，提升他们的工作效率和工作质量，提高他们的专业技能和综合素养。

（二）提高企业市场竞争能力

建立健全完善的企业从业人员业务技能提升培训体系，企业可以不断提升从业人员的知识和技能，保持知识的更新，为企业持续健康发展提供人才保障，不断增强水利企业专业技术水平和综合管理能力，确保企业保持强劲的竞争活力和市场占有力，让企业在竞争激烈的水利行业建设工程中茁壮成长。

（三）指引会员单位人才培养

通过对会员单位中不同属性、不同规模、不同业务板块的企业进行充分调研，总结形成完整的水利行业建设工程管理从业人员业务技能提升培训体系。分层级、分类别、按岗位进行培训体系建设，从培训需求到培训效果评估各个环节给予清晰的指导，形成清单式的培训架构，引领会员单位做好人才培养，为会员单位的持续健康发展奠定人才基础。

二、研究内容概述

随着国家对水利基础设施建设的大力支持，水利工程投资规模稳健增长，行业发展不断提速，水利行业从业企业得以快速发展，人才日益紧缺，对人才培养的要求越来越高。人才培养是一个系统工程，需要系统的、科学的规划；培训体系是培训资源的有机组合体，可避免培训的盲目性和临时性，有效改善管理水平，提高培训质量，缩短人才培养周期，加速人才储备。

水利行业建设工程管理从业人员业务技能提升培训体系是指在水利行业的企业建立与企业发展战略及人力资源规划相匹配且融合了培训管理、培训课程、培训实施等一系列培训资源的组合体，为从业人员业务技能提升培训提供科学、全面、系统的指导，为会员单位人才培养献计献策。

三、现状分析

（一）协会成员基本情况介绍

云南省水利工程行业协会（以下简称“协会”）共有 623 家会员企业具有水利水电施工资质，其中，具有水利水电工程施工总承包特级资质企业 5 家，具有水利水电工程施工总承包壹级资质企业 11 家，具有水利水电工程施工总承包贰级资质企业 144 家，具有水利水电工程施工总承包三级资质企业 461 家，具有水利水电机电安装工程专业承包三级资质企业 2 家。会员单位共有持水利施工现场管理证书 5545 人，其中，施工员 1600 人，安全员 1356 人，质检员 1216 人，材料员 574 人，资料员 799 人。全省共有水利安全生产管理人员 8686 人，其中，企业主要负责人（A 证）2092 人、项目负责人（B 证）3824 人、专职安全生产管理人员（C证）2770人。协会会员单位中，具备高级工程师职称人员2495人，中级工程师职称人员1047人，初级及其他人员1066人。

（二）从业人员技能培训存在的问题分析

总体来看，会员企业中年轻员工储备较多。企业组织机构基本倾向于企业高管、机关部门、项目经理部的组织样式。项目经理部为企业的生产单元，是价值产出中心，人员构成一般为项目经理、技术负责人、安全负责人、经济负责人、五大员（施工员、安全员、质检员、材料员、资料员）。

通过实地调研、访谈的等形式，系统分析总结，当前协会会员单位中水利行业建设工程管理从业人员业务技能培训存在以下四个问题。

1. 培训机制不完善

调研企业中，除规模较大的企业建立了从业人员培训机制，约有60％的企业未建立比较完善的从业人员培训机制。已建立培训机制的企业中，也只有10％左右的企业能根据自身规模、发展战略、业务类型、从业人员特点，分层级、分类别地建立了完善的培训体系；30％的企业针对取证培训、岗前培训、专业知识培训、工作技能提升培训、企业文化制度培训建立了培训机制；60％的企业仅仅是围绕取证培训、岗前培训建立了培训机制。

通过调研发现，企业培训机制的不完善，从业人员接受培训的频次低、质量差，从业人员获取知识和技能的途径受限，知识和技能的更新很难与时俱进，影响从业人员的工作效能，从业人员的个人职业生涯规划不清晰，工作满意度不高，导致企业的整体竞争力不断下降，难以为企业的持续健康发展提供人才保障。

2. 培训师资欠缺

企业培训师多为外聘，企业内训师较少。外聘培训师的选择范围大，成本高，可聘请到高质量的培训师，相比内训师视野更为开阔，能带来很多丰富的经验、新理念、新方法、新思路，对培训对象有较大的吸引力。但外聘培训师缺乏对企业的深入了解，培训内容多为共性知识，培训带来的新理念、新方法、新思路，在专业性、实用性、实操性方面达不到预期效果。

企业内训师对企业的整体情况非常熟悉，无论是企业的商业模式、文化、愿景、政策制度，还是人员结构、素质状况都有深入的了解。企业内训师通常都是所属业务板块的佼佼者，其具备充分的知识储备和丰富的经验，他们很清楚从业人员的短板、需求，能精准施策、对症下药。调研显示 80％以上的从业人员觉得内部培训很重要，但只有极少部分企业储备了少量的内训师，内训师非常欠缺。工学矛盾突出，导致从业人员担任企业内训师的意愿不强，企业对内训师的储备和培养力度不足，导致内训培养不系统，企业长期积累的"智能"型企业软实力优势得不到有效的凝练和总结。

3. 培训模式传统

企业从业人员培训形式主要为线下面授和线上网授两种。线下面授形式老师与从业人员面对面教学，老师可以及时了解从业人员的情况，从业人员可以及时提出疑惑，培训过程中能较好互动，培训效果显著，但该培训工学矛盾突出且成本较高。线上网授以直播或录播为主，灵活性强，无须集中在特定的时间、地点进行培训学习，可大幅降低培训成本。从业人员可以利用空闲时间、碎片化时间进行学习，有效缓解工学矛盾，但老师和从业人员无互动环节，无法及时解决学习中的问题。同时，由于软件技术较为发达，网络培训过程很难做到无漏洞监控，致使部分从业人员通过软件技术完成培训任务，并非本人认真完成培训任务，培训效果大打折扣。

调研人员中，70％以上的人员认为所在企业的培训很多，但是大部分培训停留在理论讲授式培训，缺乏实操模拟或演练。培训模式较为传统，新颖的培训方式运用较少，先进的培训工具有待学习和使用。

4. 培训效果评估欠缺

完善的培训效果评估机制，有助于管理层了解并掌握培训真实信息，便于培训组织者设置更科学、合理的从业人员培训。经过调研发现，会员单位中，大部分企业未建立培训效果评估；即便做了培训评估，也只是进行了简单的评估，评估方式是直接运用取证结果，培训效果的好坏与取证通过率呈线性关系。培训效果评估方法相对单一，大多数采用调查问卷的方法进行培训效果评估。调查问卷的内容相对固定，缺乏针对性且主观评价较多。汇总调查问卷结果时，因缺少系统的统计分析，无法为从业人员培训的优化提供建设性意见。

多数企业的评估内容重点在培训师的授课能力、培训内容的有效性以及课堂氛围等方面，弱化了培训的组织安排、从业人员的积极性以及培训对从业人员专业技能的提升程度等方面，实际上培训的组织安排、从业人员的积极性以及对从业人员专业技能的提升程度等方面都是培训效果评估的重要内容。此外，企业管理人员和从业人员对培训效果评估不够重视，往往会以应付差事的态度对待培训效果评估，导致评估不全面、不准确、不可靠，不利于后续培训的组织优化。

（三）从业人员技能培训存在的潜力和优势

通过调研发现，协会所属企业从业人员技能提升培训具备以下潜力和优势。

1. 员工十分重视企业培训

调查发现，99％的员工认为企业内部培训对员工的成长具有非常重要的作用，1％的员工不确定重不重要，没有一人认为企业内部培训不重要。调查也发现，95％以上的员工认为企业培训对自己的工作很有帮助。

2. 员工担任内训师的意愿比较强

调查发现，66％的员工愿意或非常愿意担任内训师，20％的员工不确定自己愿不愿意担任内训师，14％的员工不愿意担任内训师。

四、培训体系建设总体思路

（一）制定明确的培训目标

制定明确的培训目标是建立健全企业培训体系的首要任务。明确的培训目标，有利于制定清晰的培训计划，有利于培训组织实施，有利于开展培训效果评估。

（二）规划全面的培训内容

全面规划培训内容是企业培训体系建设的基础。培训内容应包含但不限于企业主营业务基础知识、职业素养、管理能力及必要的技能等，能确保员工能逐步成为骨干力量，掌握企业核心技术，从而达到充分调动从业人员工作积极性，提高自身技能素质的良好效果。按照不同岗位类别，规划全面的培训内容如下。

1. 项目经理岗位

项目经理岗位的培训需以提升项目管理水平、经济管控能力为目的，从成本管理、安全管理、技术管理、质量控制、进度管理、人才培养、团队管理等方面进行项目全流程管控培训。培训内容包含但不限于项目管理、领导力、高效团队建设、分析与解决问题能力、执行力、目标管理能力等方面。项目经理培训结合合适的培训方法和工具，通过全方位的培训，提高水利行业项目经理的综合素养和实践能力，从而推动企业更好地实现项目管理目标。

2. 技术负责人岗位

技术负责人岗位培训需以水利工程建设技术、质量为中心，围绕水利工程建设相关法律法规、标准规范、技术要求、质量要求、复杂性技术问题、前瞻性技术探索等方面开展培训。培训内容包含但不限于技术与质量管理相关的政策制度规范、施工质量常见问题原因分析与防控、施工方案编制、施工进度计划控制、四新技术的应用、BIM 建模及应用、技术创新、质量评定、鉴定验收、省级 QC 业务知识、竣工资料管理等方面。技术负责人通过理论学习、模拟实训、实操演练等方式，引进一些先进的技术和理念，不断强化技术负责人的专业技术能力，加快专业技术知识的更新储备和经验的积累，推动水利行业企业的技术创新与发展。

3. 安全负责人岗位

坚持以项目一线为中心，深入掌握项目一线培训需求，坚持问题导向、目标导向和结果导向原则，持续抓好全员安全生产培训，培训内容包含但不限于安全生产法律法规及相关管理制度、安全生产责任履职意识能力、安全标准化策划、汛期施工安全、防洪度汛应急管理、安全管理知识和业务能力、安全生产责任落实、安全意识提升、安全警示教育、安全风险防范、施工现场安全隐患处理、施工现场安全事故处理、农民工安全教育、施工现场安全文明标准化创建、危险源辨识等方面。重点集中开展安全生产责任履职意识能力培训，持续提高基层一线专职安全管理人员的业务能力和水平，不断提升全员安全生产责任意识，从根本上增强职工的风险意识、法治意识、责任意识、使命意识，提高抓安全管理的自觉性和自主管理能力。

4. 经济负责人岗位

经济负责人的培训，应该从深入了解水利行业发展趋势，把握水利行业工程造价管理发展方向入手，掌握经济管理基础知识，紧紧围绕经济管控重点、管控思路、法律法规、造价基础知识、工程造价管理发展趋势等制定培训内容。培训内容包含但不限于工程造价管理、计量计价规范、定额标准、造价软件应用、招投标组价、目标成本测算、拦标价测算、造价与计量建模、经济管理业务流程、合同管理及风险防范、结算管理等方面内容。通过系统培训为从业人员建立从项目招投标至结算全过程的经济管控思路，提高从业人员的经济管理水平和全局把控能力，通过对工程材料、设备、劳动力等资源的合理配置和精心计算，确定工程建设所需的费用预算和成本管控，以实现工程建设的经济合理性和可行性，切实提高水利项目经济管控能力，促成企业利益最大化。

5. 五大员岗位

五大员指的是施工员、安全员、质检员、材料员、资料员这五类岗位，是水利工程建设最基础的岗位。从业人员由于受地域、工作性质、工艺流程等影响，在培训上要采取多种形式相结合的方式，如就地培训，即就地建立水利工地临时课堂，结合实际问题，根据从业人员的知识、素质和文化层次来制定相应的学习内容，以解决相应问题。通用培训内容为相应的法律、法规、标准、规范、政策、所在企业的规章制度、参建项目的要求及标准等，各岗位专业培训内容如下。

（1）施工员岗位培训内容包含但不限于施工合同、施工图纸、施工交底、施工控制点测量、施工进度计划的分解与落实、施工变更注意事项、人材机的调配、施工记录、设备及器材的使用、工程软件的应用、施工过程资料收集与审核、劳务班组的管理等方面。

（2）安全员岗位培训内容包含但不限于编制安全专项方案与措施、全员安全员意识、安全问题的敏感度和重视程度、施工现场常见的安全隐患、应急救援学习与演练、现场危险源辨识、应急救援队伍的储备、应急设备器材的配备、施工现场巡检与检查、安全交底、安全记录、标识标牌、安全管理资料系统化与全面化等方面。

（3）质检员岗位培训内容包含但不限于质量管理制度编制、质量管理体系建立健全、质量目标与计划编制，关键施工工艺实施情况跟踪检查，各隐蔽工程、单元工程、分部工程、单位工程的实体质量评定，检测设备及仪器的运用，资料的制作与归档等方面。

（4）材料员岗位培训内容包含但不限于材料的采购、供应、验收入库、领用出库、检验检测、成本控制、调拨、转移、余料处理、周转材料的损耗与补给、维护与保养、租赁材料的使用与清退、材料的合格证、原始证书、性能报告及管理过程中相关资料管理等方面。

（5）资料员岗位培训内容包含但不限于工程资料体系建立，清单目录分类设置，原始资料的收集、审核、整理、查漏、剔重、分类、标识、汇编、归档、移交等方面。

根据不同岗位、学历层次、专业背景、学习能力、工作年限等，从最基本的法律、法规、规章制度开始到各专业板块核心内容，通过企业内训师、外部讲师、行业专家到现场进行教导传授，或经验交流分享、网络学习、在线指导、案例分析、观摩学习，拓展从业人员视野、武装从业人员知识盲区、夯实从业人员知识技能。让每一位水利从业人员都能得到学习深造的机会，进一步提升自身的社会价值。

（三）建立系统完善的培训机制

系统完善的培训机制应具备系统化、规范化、科学化、持续化等特点，包括培训需求分析、培训计划的制订、培训课程的设计、培训老师的安排、培训效果的评估等环节。通过系统的培训机制，将各个环节有机组合，整体联动，确保培训工作有条不紊地开展，畅通从业人员获取知识和技能的途径，让从业人员得到全面、系统的培训，帮助从业人员解决工作中的实际问题，强化从业人员知识和技能，提高从业人员工作满意度，保证培训的质量和效果，帮助企业培养和留住优秀人才，提高企业人才储备和核心竞争力，增强企业综合实力。

（四）构建优秀的培训师团队

成功的企业培训体系离不开一支优秀的培训师团队。根据企业培训体系建设，通过选拔内训师、外聘讲师、行业专家共同构建培训师团队。企业应充分利用不同师资的优势力量，构建一支理论基础扎实、专业技能娴熟、实战经验丰富、教学技能专业的优秀培训师团队，针对不同从业人员制订切实有效的培训方案，采取独特培训方式，真正做到因材施教，达到立竿见影的效果，确保从业人员掌握系统的核心技术和管理知识。

（五）先进的培训设备和工具

培训设备和工具是企业培训体系运行的物质基础。培训设备和工具是确保培训效果的关键，先进的培训设备和工具有助于缓解紧张的培训气氛，让员工愉快地学习。先进的设备和工具有助于减轻培训师的工作量，有助于培训过程的展示更加生动、形象、贴近工程实际。借助先进的设备和工具开展建模练习、仿真训练、实操演练等为员工提供具体操作方法和使用方法，将理论与实践相结合，进一步提高员工的实际操作能力。

（六）培训效果评估

系统完善的培训效果评估是企业培训体系建设不可忽视的环节。培训评估分为培训前评估、培训中评估、培训后评估三个阶段，是衡量培训成果的重要途径和方式。通过培训效果评估可正确判断培训效果，分析培训工作的科学性、有效性、适用性、合理性，有助于发现培训过程中存在的问题，不仅可以促进培训工作的改善，还能发现新的培训需求，是培训执行情况的反馈与培训计划调整的依据。

五、培训体系构建的基本模型框图

培训体系构建的基本模型框图如图 1 所示。

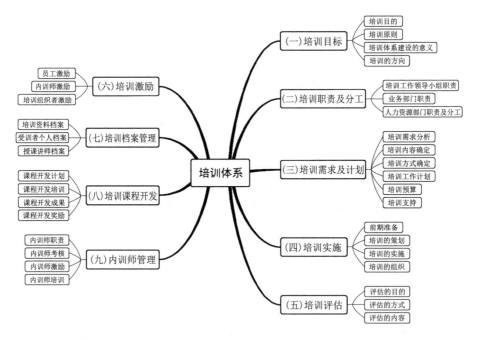

图 1　培训体系构建的基本模型框图

六、结语

建立完善的水利行业建设工程管理从业人员业务技能提升培训体系，能够指导会员单位科学、合理、有条不紊地开展从业人员业务技能提升培训，畅通从业人员获取知识和技能的途径，提高从业人员的工作效率和工作能力，提升从业人员专业技能和综合能力，夯实企业人才队伍建设，让企业充满无限生机与活力，不断增强企业的领域水平和综合实力，促进企业持续健康、稳步向前发展。

当前医疗保险与公费医疗的
比较与浅析

主要完成人员：陈晨　何晶晶
所在单位：中国水利水电科学研究院

　　某事业单位（甲单位）的工程师张某最近被检查出罹患癌症，这对于一家人来说无疑是晴天霹雳。除去巨大的精神压力，前期的放化疗以及后续的手术等各种医疗费用，给这个普通的家庭带来了沉重的经济负担。所幸其所在单位为其配备了全面的医疗保障，有基本医疗保险、北京普惠健康保，还有单位为职工购买的补充医疗保险。有了这几重保障，治疗没有了后顾之忧，工程师张某安心治病，做好了与病魔积极抗争的充分准备。

　　另一个事业单位（乙单位）的李教授最近也被检查出罹患癌症，其所在单位是公费医疗，为了保障该职工的治病需要，单位每年要单独预算一笔费用为其治疗所用，因此这个职工的医药费也是有保障的。然而该单位最近两年发生高额医疗费用的频率过高，单位负责人紧锁的眉头不仅因为李教授的病情，也是在为单位的收支犯愁。

　　两者相比不难看出，对于职工个人来讲，医疗保险和公费医疗两者的医疗待遇差距不大，区别较大的是单位面临的经费支出。甲单位并没有因为职工罹患重病增加额外的支出，治疗所需费用是由医疗保险、补充医疗保险及其他商业保险承担。而乙单位经费支出与职工的健康状况息息相关，如果出现或增加了罹患重病的职工，单位的经济负担会直接受到较大影响。职工的健康风险完全转移给了单位承担。

　　目前，医疗保险在全国范围内已经基本实现全面覆盖，只有少数省的省直机关事业单位、中央国家机关和部分中央事业单位（含部委下属事业单位）保留公费医疗制度。虽然这些单位在全国范围来看占比较小，但大多级别相对较高，对于相关行业医疗待遇配套政策的完善，无论正面或反面的影响力都比较强。尽快解决上一阶段遗留的改革不彻底问题，对进一步促进医疗保险深化改革具有现实意义。

由于全国各地的医疗保险和公费医疗政策各有不同，且各单位的补充医疗保险、公费医疗报销等相关内部规定不尽一致，本文选取了某行业在京中央直属事业单位作为案例单位进行比较分析。

一、中央直属事业单位医疗报销现状

现阶段，不同行业甚至同一个行业的中央直属事业单位，医疗报销方式也有所不同。

据某行业专家介绍，该行业的中央直属事业单位只有一部分加入了医疗保险，主要历史原因是由于单位规模、资金来源、属地政策等方面的不同。事业经费由财政全额拨款保障的、规模较小的单位，在供养方式上与公务员一样，也就倾向于与公务员一样享受公费医疗待遇；事业经费由财政按差额比例拨款保障的、规模较大的单位，倾向于让职工享受医疗保险待遇；此外，还与地方社保机构的接纳政策有关。

建立城镇职工基本医疗保险制度是对公费医疗制度的机制转换和制度创新，其改革基本思路是"低水平、广覆盖、双方负担、统账结合"。改革实现了三大转变：一是实现国家承担无限责任的福利保障到保障职工基本医疗的社会保险的转变；二是由国家和单位包揽职工医疗费变为单位和个人共同缴费；三是由各单位分散管理变为社会化管理，实现社会统筹和个人账户相结合，建立了医疗、患者、医疗保险机构三方相互制约的机制。

二、城镇职工医疗改革历程回顾

从 1998—2020 年，全国已有 90％左右的省份完成了从公费医疗制度向城镇职工基本医疗保险制度的转轨。2001 年，北京市政府颁布 68 号令，宣布实行基本医疗保险制度。按照政策，以往享受公费医疗待遇单位转入医疗保险体系，由个人和单位共同缴费，病后可按给付标准由医疗保险基金予以报销。

2012年起，北京市级公费医疗人员全部并入职工医疗保险，取消公费待遇，将按照职工医疗保险缴纳参保费，方能持社保卡就医。改革涉及市属公务员、事业单位、公立医院、高校教职工共22万人，市属高校学生暂未包括在内，33万中央公费医疗人员尚未改革。

建立城镇职工医疗保险制度，一是有利于提高劳动生产率，促进生产的发展；二是通过征收医疗保险费调节收入差别，体现社会公平性，是政府一种重要的收入再分配手段；三是为维护社会安定提供保障，有助于消除因疾病带来的社会不安定因素，是调整社会关系和社会矛盾的重要社会机制；四是促进社会文明和进步的重要手段，体现"一方有难、八方支援"的新型社会关系；五是推进经济体制改革，特别是国有企业改革的重要保证。

三、医疗保险与公费医疗对比

（一）基本概念不同

城镇职工基本医疗保险制度是国家和社会为保障劳动者基本医疗需求的一种社会医疗保险制度。它是社会保障制度的重要组成部分。公费医疗制度是指国家为保障国家工作人员而实行的、通过医疗卫生部门按规定向享受人员提供免费医疗及预防服务的一项社保制度。

（二）报销标准不同

以某行业在京直属事业单位为例，对医疗保险和公费医疗的报销标准进行比较，具体见表1。

（三）报销侧重点不同

经过以上分析可以发现，虽然公费医疗在门诊和普通病种住院报销比例方面与医疗保险相当，但由于公费医疗没有实行大病统筹，也不享受社会医疗救助，在大病救治中，超出公费医疗目录的材料、药品、服务项目，很多需要个人承担。医疗保险一个年度内最高支付限额为50万元，得重病和大病的参保人申请特殊病种人员后，可享受高于公费医疗的待遇。

表1   某行业在京直属事业单位医疗保险和公费

医疗的报销标准对比

报销类别	医疗保险（含补充医疗保险）		公费医疗（各单位政策稍有不同）	
人员类别	在职职工	退休职工	在职职工	退休职工
门诊、急诊	①门诊、急诊医疗费用在起付线以下部分，每月由补充医疗保险按90％的比例报销。在职职工的起付线为1800元，退休职工的起付线为1300元；②超过起付线的部分，由医疗保险实时结算，在职职工由于医院等级不同报销比例为70％～90％，退休职工实时结算比例为90％。医疗保险实时结算完毕后剩余的个人自付一部分由补充医疗保险按90％给予二次报销		在职职工门诊费用报销比例：≤3000元/4000元：由单位在年初将资金发放给职工；＞3000元/4000元：公费医疗报销80％～90％，个人负担10％～20％	退休职工门诊费用报销比例：≤3000元/4000元：由单位在年初将资金发放给职工；＞3000元/4000元：公费医疗报销90％～95％，个人负担5％～10％
住院	①不足起付线1300元的医疗费用（第二次及以后住院起付线为650元），由补充医疗保险按90％的比例给予报销；②超过起付线1300元的医疗费用（第二次及以后住院起付线为650元），医疗保险按不同的医院级别给予支付，一个年度内医疗保险最高支付限额为50万元。医疗保险实时结算完毕后剩余的个人自付一部分由补充医疗保险按90％的比例给予二次报销		在职职工住院费用报销比例（年度内）：≤10000元：公费医疗报销85％～90％，个人负担10％～15％；＞10000元：公费医疗报销90％～95％，个人负担5％～10％	退休职工住院费用报销比例（年度内）：≤10000元：公费医疗报销90％～95％，个人负担5％～10％；＞10000元：公费医疗报销95％～97％，个人负担3％～5％

2021年，北京市政府推出"北京普惠健康保"，专为北京医疗保险参保人定制，是一款可紧密衔接社会医疗保险的普惠型商业健康保险。填补了职工基本医疗保险和补充医疗保险之外的缺口，扩大了保障赔付范围，在应对重大疾病时，能够进一步提高对职工的保障力度。

基本医疗保险还为每一名参保人建立个人医疗保险账户，在职期间职工每月在工资中扣出的医疗保险个人缴纳部分全部计入个人医疗保险账户，而且依据职工年龄不同，单位缴纳部分也会有相应比例计入个人医疗保险账户。

（四）享受待遇的人员范围不同

医疗保险的享受范围是行政区域内的城镇所有用人单位的职工和退休职工，凡所在单位和本人已按规定参加了基本医疗保险，并按规定履行了缴费义务的，均可按规定享受基本医疗保险待遇。

公费医疗的享受范围是国家预算内开支工资的国家机关、党派、人民团体等在编工作人员、国家预算内开支工资的各级事业单位在编工作人员。

（五）选择就医医院不同

医疗保险参保人可选择 4 家定点医院，并能够直接到全市 32 家 A 类定点医院、164 家中医定点医院、160 家专科定点医院、2200 余家定点社区医院看病就医。

有不少公费医疗单位对就医医院有要求，有的指定一家或两家，有的要求三甲以上医院或者其他要求。相对来说，公费医疗就医医院的范围没有医疗保险的范围大，参加医疗保险的职工可以在北京任意的医疗保险定点医院就医，没有限制，职工就医的便利程度得到较大提高。

（六）单位负担经费不同

以某部属大型事业单位为例分析医疗保险缴费及报销情况。该案例单位为中央在京的差额拨款事业单位，按照北京市相关规定，于 2002 年参加了北京市基本医疗保险，并同步建立补充医疗保险。由于该单位规模较大，职工人数较多，在职人数和退休人数相当，样本量的广泛性和多样性使其作为代表性案例具有较强可参考性。

以 2021 年为例，该案例单位医疗保险缴费共计 2040 万元，其中单位缴费 1671 万元，个人缴费 369 万元。2021 年，医疗保险为该单位职工共计报销 2112 万元，并为职工个人账户（北京银行存折）打款共 643 万元。医疗保险为该单位支出共计 2755 万元，比单位缴费高出 715 万元，回报率 135%。利用社会统筹的资金，为本单位职工设立健全的医疗保障，即用相对较少的钱撬动较大的保障，是利用了保险的杠杆效应。无论对单位还是对职工个人来说，都是一个较为经济的方式。

如果按照公费医疗报销方式，计算单位所需负担经费为：为单位职工报销的 2112 万元即全部需要单位投入，且职工个人账户没有收入，没有杠杆可以利用。

（七）单位管理成本不同

仍以上述某部属大型事业单位为例进行分析。该案例单位规模较大，在职职工人数 1200 余人，退休职工 1200 余人，在共计约 2500 人的规模下，如果实行公费医疗，由单位自行收集医疗票据，并分门别类进行报销等相关工作，工作量大，流程设置复杂。单位至少会有 3～4 人从事该项业务。

该单位加入基本医疗保险和补充医疗保险以后，职工的就医问题、就医后的报销问题，都由医疗保险或补充医疗保险的专业人员处理，不需要单位付出管理成本。

四、中央直属事业单位医疗保障前景展望及建议

无论是参加医疗保险还是享受公费医疗待遇，对于中央直属事业单位职工来说，医疗待遇差别不大。但是从单位角度来看，无论是经费压力还是管理成本，都是不能忽视的问题。公费医疗属于小范围的单位统筹，现阶段的基本医疗保险属于省级统筹，未来的趋势将是全国统筹。从国家和单位发展的长远角度来看，用人单位加入医疗保险符合历史走向，是进一步深化医疗保险改革的前提。

经调研相关单位了解到，不少中央直属事业单位有意参加属地的基本医疗保险。但目前各地医疗保险的政策规定与中央直属事业单位的历

史与现实情况很难直接接轨。以北京市为例，如果是差额拨款的中央直属事业单位想要加入北京市基本医疗保险，需要补缴从 2005 年开始直至今日的医疗保险费。很多单位可能需要补缴十几年的费用，计算起来动辄千万。这样的巨额费用阻碍了这些单位迈向医疗保险的步伐。

国家医疗保险事业的发展最终走向全国统筹是必然趋势。中央直属事业单位的公费医疗只是职工医疗报销的临时性过渡手段。在保障职工的医疗待遇不受影响的基础上，中央直属事业单位希望能够降低经费支出，减轻经济压力。加入医疗保险，纳入省级甚至是全国统筹是最优路径。中央直属事业单位纳入医疗保险体系是大势所趋，也将是必然选择。

建议在条件允许的情况下，适当降低门槛，允许中央直属事业单位以相对较小的代价加入到医疗保险体系中来。在实际操作过程中，可以采取一些折中的办法，既可保障医疗保险基金不受损失，也能推动这些单位逐步纳入医疗保险体系。可以考虑将退休职工和在职职工分开管理的方式进行：

（1）退休职工管理。由于职工退休后不再缴费，退休职工可仍按原先的公费医疗政策由单位进行医疗费用报销。由于是存量人员，所需资金会逐渐减少直至为零。

（2）在职职工管理。对于在职职工的补缴问题，可按照年龄、收入、参加工作时间等相关因素设计补缴参数，计算补缴金额。对于不同类型的事业单位，其补缴经费的也有所区别：事业经费由财政全额拨款保障的事业单位，补缴金额仍由财政资金承担；事业经费由财政按差额比例拨款保障的，由单位与财政拨款协调双方负担比例完成补缴。虽然缴纳了医疗保险费，但会相应减少职工就医报销的费用，整体并不会大幅度增加单位及财政资金的负担。

按照老人老办法、新人新办法的原则，加快将中央直属事业单位职工纳入医疗保险体系之中，可进一步展现地方医疗保险管理部门敢于趟深水区、打攻坚战的担当精神，体现"人民至上"的情怀。

水利科研单位后勤企业合同制员工薪酬管理体系优化与创新研究
——以某水利科研单位后勤企业为例

主要完成人：杨轶龙　游艳丽　马燕飞　张晓芬　杜静

所在单位：中国水利水电科学研究院

在后勤服务社会化改革的大背景下，随着全国科研院所转制工作的全面推进，水利科研单位后勤体制改革步入向企业化发展的新阶段。水利系统科研单位后勤队伍建设方面，企业合同制员工比例呈逐年上升趋势。他们大多数在后勤服务一线岗位工作，直接面对广大职工居民为其提供服务，已成为后勤服务保障的主力军。然而在实际工作中，后勤企业合同制员工的薪酬管理不完善，跟不上时代和单位发展的需求，制约了生产力的提高，限制了个人能力的发挥，影响了服务水平的提升。因此，研究如何健全完善水利科研单位后勤企业合同制员工的薪酬制度，设计科学的薪酬体系，在薪酬管理方面实现公平公正，确保晋升渠道畅通，激发他们的工作热情，提升员工的幸福感、获得感和归属感，已成为当今后勤服务系统改革的当务之急，具有非常重要的现实意义。

一、水利科研单位后勤企业合同制员工薪酬管理的现状

（一）薪酬结构较为单一

薪酬结构是指将员工的薪酬分为不同的几个部分，如基本工资、社保福利、绩效奖金、其他津补贴等，针对不同员工的特点再调节这几个部分在薪酬总额中的比例，以达到相应的效果。水利科研单位后勤企业合同制员工采取的薪酬政策多数比较传统，薪酬结构较为单一，一般只

有每月的固定工资，很少有绩效奖金、岗位津贴等，且固定工资比例较高，占全年总收入的 90％以上，并缺乏学习进修、技能提升、参与管理决策等非经济性报酬。薪酬结构单一导致后勤企业在人才引进的外部竞争性及员工激励性等方面存在不足。

（二）薪酬分配缺乏公平

薪酬分配缺乏公平主要表现在内部不公平上。由于历史等原因，同样岗位的合同制员工，从事同样的工作，因入职时定岗定薪缺乏科学有效依据，造成员工间薪酬存在一定差异。同时企业合同制员工薪酬水平明显低于本单位事业编员工，特别是在绩效奖金方面存在较大差异。而在外部不公平的体现上，受经费及政策的制约，企业合同制员工尤其是水电维修、医疗服务等岗位专业技术人才的薪酬低于市场平均水平，缺乏对人才的有效吸引力，难以保证后勤员工队伍的稳定性。

（三）薪酬晋升渠道不畅

企业合同制员工入职之后，薪酬一旦确定，将在很长一段时间内基本固定不变，加薪方式无相应政策制度支持，即便有所提高也是迫于当地最低工资标准的要求。同时由于合同制员工的身份，单位不重视给他们提供有计划性的职业发展路线，在管理和专业技术职务上得到晋升的机会有限，通过职务晋升来提高薪酬待遇的通道基本是关闭的，合同制员工在单位工作几乎看不到发展的空间。水利科研单位后勤企业缺少科学完善的合同制员工薪酬晋升机制，让员工对薪酬增长几乎不抱希望，实际上极大地挫伤了员工的工作积极性和主动性，进而影响企业后勤服务保障水平的提升。

（四）福利待遇相对较少

水利科研单位后勤企业出于节省用工成本等原因，合同制员工一般都没有参照单位编制内正式员工的标准享受补充保险、工会活动、年度体检等福利待遇，更谈不上有完善的福利体系。同时单位对企业合同制员工的培训不重视，使其无法通过单位资源提高自身能力，这也使得他们的归属感被大大削弱。

（五）考核激励效果不明显

水利科研单位后勤企业合同制员工考核往往不受重视流于形式，薪酬没有与考核直接挂钩，平均主义现象较为普遍。究其原因主要是单位管理者对企业合同制员工重视程度不够，认为其所需完成的工作是简单化、机械化的，忽视了考核激励所能带来的员工工作积极性和主动性的提升作用，也没有相应的考核激励制度和措施做支撑。

二、企业合同制员工薪酬管理存在的问题及原因分析

（一）薪酬管理缺乏改革创新

水利科研单位后勤企业在成立之初，员工的人事及薪酬管理制度都按照事业单位的体系运行。但随着单位的发展壮大和后勤社会化改革的进一步推进，后勤企业所承担的服务内容不断增加，对服务水平的要求不断提升。为满足后勤服务保障需求，随之出现了合同制员工、劳务派遣员工、退休返聘员工、临时劳务用工等多种用工方式。但受制于事业单位传统的薪酬管理思维，没有给企业合同制员工设计科学合理的薪酬制度，发多少工资一般是领导根据经验决定，对他们的薪酬管理停留在经验性管理阶段，缺乏改革的魄力和创新的意识。

（二）薪酬分配缺乏考核制度

对于各行各业来说，绩效考核在人力资源管理六大模块（即人力资源规划、招聘与配置、培训与开发、绩效管理、薪酬福利管理、员工关系管理）中是一个难点，在科研单位后勤企业当中亦是如此。水利科研单位后勤企业多以简单传统的德、能、勤、绩、廉进行考核，以年终考核评优为唯一的考核手段，考核指标相对比较粗放。这对于涉及行业比较复杂的后勤企业来说，很显然是不够完善和健全的考核体系。同时，考核结果又往往与收入分配挂钩程度较低，仅体现在年度考核评优的嘉

奖上，不能充分体现员工的业绩。

（三）与外部市场比较存在较大差距

水利科研单位后勤企业虽然名义上与单位形成了新型的商品供需关系，但实际上后勤企业仍不能完全脱离原科研单位独立存在，这就导致它们与市场化的物业公司在总体规划和经营目的上存在着较大的差异。科研单位后勤企业不是为了追求利润最大化，而是追求为职工、居民提供满意的后勤服务与保障，因此在劳动用工成本方面的策略会相对比较谨慎。这就导致科研单位后勤企业在招录员工时缺乏足够优厚的经济报酬和有效的激励政策来吸引人才。与市场上同行业薪酬水平相比，员工收入水平偏低，高素质、高技能人才难招难留，不利于后勤队伍的稳定性和梯队建设。

三、水利科研单位后勤企业合同制员工薪酬体系优化及创新

结合水利系统科研单位后勤企业合同制员工薪酬管理的现状、存在的问题及原因分析，以某水利科研单位后勤企业为例，对合同制员工薪酬体系进行优化及创新。

（一）薪酬管理调研

调查研究是做好工作的基本功。通过实地走访调研水利系统内单位、物业行业相关单位，结合本企业合同制员工薪酬管理现状及存在的问题，对调研结果进行综合分析研究。

1. 北京市物业行业平均薪酬情况对比分析

为纵向对比北京市物业行业整体薪酬水平，通过物业观察微信公众号发布的《中国物业管理行业薪酬研究报告》，对后勤物业管理及服务人员进行了薪酬数据对比（表1）。

可以看出，北京市物业行业客服专员月平均薪酬5014元，维修工人月平均薪酬3940元。该后勤企业类似于客服专员职责的岗位最低月薪3100元，最高5200元，平均3500元；该企业维修工人目前最低月薪

3000元，最高5000元，平均3900元。总体来看，该企业内部同岗位合同制员工月薪差距较大，同时平均月薪与北京市物业行业平均水平有一定差距。此外，该企业合同制员工没有设置经理、主管、领班等管理岗位，晋升通道狭窄，这也会导致具备一定管理能力的员工发挥不出作用，进而导致人才发展受限及人才流失。

表1　　　　　　　　后勤物业管理及服务人员薪酬数据对比　　　　单位：元/月

城市	岗　位										
	项目经理	品质经理	客服主管	工程主管	秩序主管	环境主管	客服专员	维修工人	保安员	保洁员	绿化员
北京	12285	10499	7866	6628	6244	6906	5014	3940	3800	3456	3322
上海	12894	11084	8198	6923	6492	7242	5212	4028	3899	3559	3422
广州	11520	9764	7448	6257	5934	6483	4764	3829	3676	3326	3197
深圳	11926	10153	7670	6454	6099	6707	4896	3888	3742	3395	3263
杭州	11137	9395	7239	6072	5778	6271	4639	3773	3614	3260	3134
宁波	10190	8484	6722	5612	5393	5748	4330	3636	3459	3099	2979
佛山	11113	9371	7226	6060	5768	6258	4631	3770	3610	3256	3130
东莞	9636	7952	6420	5344	5168	5442	4150	3556	3369	3004	2888

2. 水利系统事业单位后勤部门员工薪酬情况对比分析

为横向对比水利系统事业单位后勤部门合同制员工薪酬整体水平及制度建设情况，开展了对水利系统三家单位后勤服务中心或后勤企业的座谈调研。调研共涉及关于薪酬的六方面内容：①薪酬的组成结构；②岗位的分类及与薪酬的对应关系，薪酬体系建立后员工薪酬是如何过渡衔接的；③薪酬调整机制及年工资增幅；④年终奖金额及分配方式；⑤是否有绩效考核机制，绩效考评结果是如何影响工资的；⑥薪酬体系对外是否有竞争力，对内公平性、激励效果如何。

根据调研结果，三家水利系统事业单位后勤部门合同制员工薪酬水平存在一定的差距，拿维修岗位举例，最低的月薪在2800元左右，最高的在6500元左右，同时年终奖金也有较大差异。薪酬的差异与工作量及单位效益有一定的关联性。而从薪酬结构来看，其中两家单位具有相对规范的薪酬结构，包括岗位工资、绩效奖金、津贴补贴（交通、通信、工作餐等方面）和其他工资（加班费、值班费、防暑降温费等）。

通过对比分析，该后勤企业合同制员工平均月薪水平在调研的三家水利系统事业单位后勤部门中处于中间水平，有一定的上调空间。而薪酬结构方面较为单一，动态增长机制不健全，需要通过薪酬体系的建立，形成更加规范合理、稳步动态增长的薪酬体系。

（二）薪酬体系优化建议

通过对调研结果的对比分析，对该后勤企业合同制员工薪酬体系提出四方面优化建议：①目前该企业合同制员工薪酬缺乏规范化的工资基准及结构设置，2007年制定的工资基准已不适用，企业亟须建立一套基于公平、有激励作用的标准化的、动态的薪酬体系；②依据企业合同制员工所承担的管理及专业技术职责的不同，设计出相适配的激励政策，遵循以岗定薪、按劳分配，注重绩效、注重贡献，同时给予员工职业发展及薪酬提升空间；③结合后勤企业不同岗位，设计出相应的绩效考核和分配机制，同时进一步明确和规范该企业机构、编制、职能，以三定方案（即定职能、定机构、定编制）为依据，对企业人员薪资总额及绩效总量进行合理控制；④拓展后勤企业合同制员工职业上升通道，规范奖惩措施，制定出台合同制员工管理岗位选拔聘任办法及奖励处分规定等相关人力资源管理制度。

（三）薪酬体系优化方案及实施

根据前文分析的该水利科研单位后勤企业合同制员工目前薪酬存在的主要问题及调研情况，针对部分体制机制问题，研究基于该企业目前薪酬水平基础上的可行性薪酬管理体系改革方案，建立规范化的薪酬增长机制和奖励机制，创新优化收入分配制度。

1. 设计适合自身特点的薪酬结构，体现薪酬的相对公平

一般而言，现代企业薪酬体系由基本工资、绩效工资、保险福利以

及其他形式的长期激励组成。水利科研单位后勤企业合同制员工的薪酬也应该打破现有的结构进行更加科学合理的重组。具体来说，即丰富薪酬体系结构，在基本工资的基础上，增加绩效工资、岗位津贴等，让部分薪酬发挥相应的激励作用。薪酬结构包含：岗位工资、薪级工资、绩效工资（月度绩效＋年终绩效＋其他奖金）、其他工资（管理岗位津贴＋其他企业津补贴＋值班加班费＋工改绩效等）、国家规定的津补贴（防暑降温费、独生子女费等）。

2. 根据岗位类型，划分岗位职系和岗位等级

根据岗位工作性质，将后勤企业所有工作岗位进行分类，归入到文职岗位、物业岗位、医疗岗位、餐饮客房岗位 4 个职系，文员、维修工、物业服务、医师、厨师等 13 个岗位。

为体现相同岗位上不同能力和水平的员工个人价值差异，为员工提供合理的晋升空间，实行阶梯式的薪酬制度，每个岗位从高到低分为等级 1～5。岗位等级依据员工学历、职称/技能等级及职称/技能等级取得年限三方面因素确定。每一类因素对应岗位等级评价表中的相应分值（表 2）。三方面因素按照不同岗位不同权重相加，得到的分值即为岗位得分，根据岗位得分确定所在岗位等级（表 3）。

表 2　　　　　　　　岗位等级评价因素分值表

岗位等级评价因素	等　级	分　值
学历	研究生	10
	本科	8
	大专	6
	职高、技校、中专	4
	中专以下	2
职称/技能等级	副高及以上/高级技师	10
	中级/技师	8
	高级技术工人	6
	初级/中级技术工人	4
	员级/初级技术工人	2

续表

岗位等级评价因素	等 级			分 值	
职称/技能等级 取得年限	取得年限	6～10 年	11～15 年	15 年以上	
	副高及以上/高级技师	0.5	0.6	0.7	
	中级/技师	0.4	0.5	0.6	
	高级技术工人	0.3	0.4	0.5	
	初级/中级技术工人	0.2	0.3	0.4	
	员级/初级技术工人	0.1	0.2	0.3	

表 3   岗 位 等 级 评 价 表

职系		文职岗位				物业岗位			医疗岗位				餐饮客房岗位	
岗位分类		会计	出纳	人力	文员	电工	维修工	物业服务	医师	药师	护师	医疗辅助	厨师	餐宿服务
分数权重分配		学历分值×0.6+职称技能分值×0.4+职称技能年限分值				学历分值×0.3+职称技能分值×0.7+职称技能年限分值			学历×0.5+职称技能×0.5+职称技能年限分值				学历×0.3+职称技能×0.7+职称技能年限分值	
岗位等级	一级	分值＞10												
	二级	8＜分值≤10												
	三级	5＜分值≤8												
	四级	2＜分值≤5												
	五级	分值≤2												

根据调研情况并结合公司实际，制定可动态调整的岗位工资基准。针对目前水利科研单位后勤企业合同制员工薪酬水平低于社会同行业平均水平的现状，岗位工资基准可低于市场水平，激励薪酬基准可高于市场水平，这样的策略较好地考虑了外部竞争性和内部差异性的结合。

岗位工资根据员工岗位得分经内插法计算得出，内插法计算公式为：岗位工资＝低一等级岗位工资基准＋（员工岗位得分－本等级岗位最低分）/本岗位等级分数上下限差值×（本等级岗位工资基准－低一等级岗位工资基准）。岗位等级为五级的员工（即岗位得分低于 2 分的），岗位工资执行五级基准。这样设计的好处在于，员工每取得学历、职称技能等级或等级年限上的提升，相应的岗位得分就会提升，进而岗位工资也会得到提升，便于形成鼓励学习、鼓励提升自身素质和技能的企业文化。

3. 落实绩效考核制度，突破平均主义分配方式

绩效工资主要体现员工的工作完成情况、工作量、工作业绩和工作表现等，可分为月度绩效、年终绩效和其他奖金等，由各部门根据自身情况制定绩效考核及分配办法。月度绩效和年终绩效实行各部门总量控制、考核分配的管理模式。根据企业"三定方案"确定的各部门岗位数，核定各部门月度绩效总量，给予各部门绩效考核的自主权，由各部门自主考核并分配。

以维修岗位为例，绩效考核的目的是增强维修员工的服务和竞争意识，调动工作积极性，提高入户维修服务质量，体现服务优质、多劳多得、奖惩并举的原则。考核分别从维修工作量、维修质量、维修及时率、服务态度四个方面进行（表 4），依据用户填写的入户维修服务单进行考评。

表 4　　　　　　　　　维修员工月度绩效考核表

年　　月　考评表

考评部门：　　　　　　　　　　　　　　　　　考评月份：

姓名	奖　励								处　罚							合计
	维修工作量/次	奖金/元	维修质量满意度/%	奖金/元	维修及时率/%	奖金/元	服务态度	奖金/元	佩戴工装工牌	迟到早退	不服从安排	违规操作	虚假记录	业主投诉	严重影响	

考评人：　　　　　　　　　　审核人：　　　　　　　　　日期：

4. 打破身份界限，构建科学的薪酬晋升渠道

水利科研单位后勤企业合同制员工一直以来受制于编外身份的限制，在管理和专业技术职务上无法得到晋升。应逐步打破事业单位人员身份固化的束缚，在用人上实行竞聘上岗。鼓励员工通过学习提升自己的专业技术和工勤技能等级，并聘用至相应岗位以获得薪酬的提升。根据员工在部门内的管理角色，鼓励承担一定管理职责的员工更好地发挥作用，设置主管、领班、骨干三个管理等级，并在经济报酬上兑现相应的管理岗位津贴。

5. 修订完善的福利制度，使员工福利多元化

良好的福利是吸引和留住人才的一种手段，能够有效减轻员工税赋负担，激发员工工作积极性，为单位树立良好的形象。科研单位后勤企业合同制员工以往在福利待遇方面与本单位编制内正式职工有很大差距，容易造成他们心里不平衡，影响工作积极性及归属感。一是要保证企业合同制员工与本单位正式职工在劳动保护、带薪休假、健康体检等方面享有相同的待遇；二是逐步推动企业合同制员工加入单位工会，与正式职工享受同样的工会福利，参加工会组织的各类活动；三是除国家规定的五险一金外，为企业合同制员工投保补充医疗、意外伤害等保险，更进一步减轻他们因生病、意外所带来的经济压力。

（四）薪酬体系实施应当注意的原则

1. 平稳过渡原则

本着老人老办法、新人新办法的原则，对于现聘员工套改新工资体系后与原工资的差额部分，以工改绩效项目体现。考虑到员工队伍的整体稳定性，新办法实施初期要保证老员工的整体薪酬水平不会出现大的波动。同时也要加强宣传倡导破除唯资历的薪酬标准，体现出向高技能水平员工倾斜的薪酬管理政策。

2. 民主集中原则

薪酬体系工资基准的制定及调整，要在调查研究的基础上，广泛征求各单位及员工的意见，确保决策流程的民主，坚决杜绝一言堂。办法

实施后要加强宣贯，让员工了解薪酬的组成及晋升渠道，让薪酬体系更好地发挥激励和引导作用。

3. 动态调整原则

薪酬体系的制定不是一成不变的，要结合经济社会发展水平、行业发展形势及企业自身发展阶段，及时动态调整薪酬体系各个项目的基准，在确保企业在人才吸引方面具有较强的外部竞争性的同时，满足企业自身发展的需要和外部环境的要求。

四、结语

以上关于水利科研单位后勤企业合同制员工薪酬体系的设计，通过借鉴和创新薪酬分配和考核机制，构建了具有灵活性和实用性的薪酬管理体系，完善了企业当前人力资源管理方面的不足。通过充分的内外部调研，明确企业薪酬改革的方向和策略，保证薪酬的外部竞争性。在优化和完善职系岗位和薪酬等级体系的基础上，通过岗位等级和个人能力评价，确保薪酬分配的内部公平性。同时增加绩效工资，提高浮动工资比例，增强薪酬的激励性。本优化与创新研究还完善了员工管理与专业技术职务晋升机制，为人才梯队建设提供了保障。相信通过以上对水利科研单位后勤企业合同制员工薪酬体系的优化与创新，有助于调动企业员工的主动性和创造性，为后勤企业持续提升后勤服务保障水平奠定坚实的人力资源基础。

水利科研院所收入分配制度
优化的思考和实践
——以珠科院为例

主要完成人：黄芬芬　孙爱芳　欧阳勇　李艳华　罗杰

所在单位：珠江水利委员会珠江水利科学研究院

党的二十大强调完善收入分配制度，坚持按劳分配为主体、多种分配方式并存，构建初次分配、再分配、第三次分配协调配套的制度体系。随着社会主义市场经济的发展和科研体制改革的不断深化，水利科研院所顺应时代要求，打破原有的"大锅饭""平均主义"分配机制，逐步建立起重实绩、重贡献，符合科研特点的岗位绩效工资制，为水利科研创新和事业发展发挥了积极作用，但也存在绩效分配与绩效考核挂钩不紧密、配套分配机制不健全等相关问题。在经济由高速增长阶段转向高质量发展阶段的新常态下，珠江水利委员会珠江水利科学研究院（以下简称"珠科院"）对水利科研院所收入分配制度进行了深层次思考，结合自身的实际情况，在做好绩效工资总量控制的同时优化收入分配制度，在分配中突出知识和技术价值、有效地激励干部职工干事创业。

一、水利科研院所收入分配制度现状

随着科研院所人事体制和收入分配制度改革的不断深入，水利科研院所建立起了灵活有效的符合科研单位特点的分配激励机制，将科研人员的贡献与其收入挂钩。特别是扩大科研机构分配自主权的政策与科技成果转化政策的出台，极大地鼓舞了科研人员，激励广大水利科研人员取得了一大批原创性、突破性科研成果，为水利事业的发展作出了贡献。但是也存在绩效考核机制不健全，科技成果转化规范性不足，配套分配办法不完善等问题。

（一）建立了以绩效激励为主的分配机制，但绩效考核机制不健全，绩效分配与绩效考核挂钩不紧密

2006 年，国家第四次工资制度改革，事业单位建立了符合事业单位特点、体现岗位绩效和分级分类管理的收入分配制度。自此，岗位绩效工资制作为衡量个人业绩的一个标准开始在水利科研院所内试行，职工工资主要由岗位工资和绩效工资构成。随着国家对收入分配制度的深化改革，水利部于 2018 年开始强力推进绩效工资总量控制。水利科研院所工资结构逐步开始规范，由原来的十多项规范改为由基本工资、津贴补贴和绩效工资三部分，分配方式也由原来的"大锅饭""平均主义"逐步引入与绩效挂钩的激励机制。但绩效分配与绩效考核挂钩不足问题普遍存在。

2022 年，中国水利水电科学研究院在推动科研事业单位收入分配改革调研中发现，部分科研院所缺少内部绩效考核制度，以科研人员的职称、资历等作为绩效工资的依据；部分科研院所考核片面强调量化，课题经费的多寡、论文数量的多少成为决定科研人员绩效分配的主要依据；部分科研院所注重短期化考核，对于学术研究的长期性考核重视不够。绩效工资的分配以绩效评价为前提，绩效评价机制的不健全影响了绩效工资激励作用的发挥。

（二）建立了科技成果转化现金奖励的分配机制，但转化的规范性不足

为了贯彻落实《中华人民共和国科技成果转化法》，水利部于 2018 年印发了《关于促进科技成果转化的指导意见》，于 2022 年印发了《水利部事业单位科研人员职务科技成果转化现金奖励纳入绩效工资管理实施意见》。结合属地政策，水利科研院所大都制定了科技成果转化现金奖励相关办法，对科技成果转化的实施范围、转化方式、转化程序和内部分配方式进行了规定，但在转化的规范性方面需要进一步加强。

在科技成果转化现金奖励的实操过程中，水利科研院所对可享受科技成果转化现金奖励的人员界定不统一，部分科研院所所有工作人员均参与分配，对科研一线人员倾斜力度不够；部分科研院所仅面向科研一线人员分配，辅助人员未享受科技成果转化现金奖励红利。部分科研院所在开展科技成果转化过程中，程序不严密，现金奖励与科研项目、主要完成人无法一一匹配，存在较大的审计风险。

（三）建立了多种补充分配机制，但不够全面

水利科研院所大都建立了科技成果奖励、科研项目资助办法、高层次人才住房保障等激发科研人员积极性的补充分配机制，但对普通职工的激励保障措施不足。

二、珠科院基本情况

（一）珠科院业务及内设机构情况

珠科院是华南地区与珠江流域最大的综合性水利研究院，主要从事珠江水利战略研究、基础与应用基础研究、水利科技产品研发，主要职责是为珠江水利委员会履行流域水行政管理职能和珠江水利事业高质量发展提供科技支撑，为国家战略、珠江流域经济社会发展提供高端、有效的水利科技服务和供给。珠科院内设 7 个业务所、6 个职能部门。

（二）珠科院人员情况

珠科院核定事业编制为 176 个，远远不能满足单位发展的需要。为了弥补编制的不足，珠科院大量使用编外人员，并把全院在岗职工分为A、B、C 三类。

A 类人员为事业编制内人员，与珠科院签订聘用合同。

B 类人员为事业人事代理人员，与珠科院签订劳动合同，参照 A 类人员管理。

C 类人员为企业人事代理人员，与珠科院下属企业签订劳动合同，借用至珠科院内设各部门使用。

截至 2023 年年底，珠科院有 A 类人员 166 人，B 类人员 123 人，C

类人员 147 人，合计 436 人。在学历分布上，17.3％为博士，48.9％为硕士；在职称分布上，正高级职称占 15.4％，副高级职称占 24.4％，中级职称占 36.2％；在年龄结构上，30 岁以下占 18.3％，31～40 岁约占 50％。珠科院在职职工高学历人才居多，职称结构呈金字塔形，青年人才居多，人员总体结构较为合理。

为满足事业发展的需要，除编内、编外职工外，珠科院另有劳务派遣人员 273 人，合计从业人员 709 人。

（三）珠科院收入分配制度建设面临的基本情况

珠科院收入分配制度建设面临的基本情况有两方面：

一是科研经费保障极低。作为水利部第五大水利科学研究院，珠科院与水利部其他四大院（水科院、南科院、长科院、黄科院）一样同为公益二类事业单位，但不同的是，珠科院不属于科研事业单位，科研经费非常有限，经费自给率超过了 90％，市场经济建设仍然是单位发展的重中之重。这就要求我们要科研、经济两手抓。

二是各类用工适用薪酬制度不一。珠科院 A 类人员适用事业单位薪酬制度，受绩效工资总额的限制；B 类人员参照事业单位薪酬办法；C 类人员适用企业薪酬相关办法，受企业工资总额的限制。如何在不同的薪酬体系下淡化编内、编外职工的差异，激励不同身份的职工担当作为是珠科院分配制度建设面临的一个难点。

三、珠科院收入分配制度优化实践

近年来，珠科院以"以需求为导向、以人才为基础、以创新为动力、以经济为保障"的高质量发展战略为指引，按照"贡献大、收入高"的原则，逐年对收入分配制度进行了优化，将绩效分配与绩效考核紧密相连，打破了行政层次制度，淡化身份差异，激励干部职工干事创业，推动了单位的高质量发展跨入新阶段。

（一）建立了以考核为前提的绩效工资分配机制

珠科院于 2019 年开启了收入分配优化之路，将绩效工资分配与绩效考核紧密相连，制定有《珠科院绩效考核办法》《珠科院绩效工资分配办法》《珠科院绩效考核与绩效分配办法实施细则》等制度，规定了珠科院各部门及各级干部职工绩效考核的方式，确定了各级干部职工绩效分配的原则。珠科院的绩效考核与绩效工资分配在贯彻水利部相关文件精神的基础上，具有自己的特点。

一是构建了多维度的业务部门绩效考核体系。业务部门绩效考核采用了平衡计分卡的方法，围绕珠科院的发展战略设置了经济建设、科技创新、人才队伍建设、综合评价、突破性事项五个考核维度，让经营工作者、科研工作者、管理服务人员等全院不同岗位职工的价值都能在部门绩效考核中得到体现。

二是对干部职工实行分级分类考核。对所长、科室主任等关键岗位实行岗位职责制度，由珠科院考核组统一绩效考核，具体为经济、科技、人才三位一体，常规性事项和突破性事项并行，重点考核突破性事项。其他职工考核由各部门开展，总体而言，职能部门工作人员采取360度考核法，业务部门工作人员采取关键绩效指标考核法，具体考核内容由部门自行确定，报人事处备案。

三是部门绩效总额的分配采取竞争制和托底限高制。珠科院每年在开展绩效考核与绩效分配工作中，先确定全院绩效分配总盘子，再根据一定的比例分配职能部门、业务部门绩效总盘子。各部门之间年终绩效总额的分配采取竞争制，按各部门的绩效考核结果核算，同时为了缓冲竞争的残酷性，设置了一定范围的托底限高。

四是干部职工的绩效分配去行政化，向一线骨干倾斜。受制于事业、企业薪酬体系的不同，珠科院各类用工工资结构不一，但均在同一尺度内分配。干部职工个人的绩效分配，不论用工种类、行政层级、职称级别，均由各部门在本部门绩效总量范围内，依据个人绩效考核结果确定。同时明确部门主要负责人的收入增长不得高于职工，收入分配向一线职工倾斜。

（二）建立了程序严密的科技成果转化现金奖励分配机制

为了贯彻落实全国科技创新大会精神，全面实施科技创新驱动发展战略，珠科院于 2019 年制定了相关办法，开启了科技成果转化之路。经过几年的实践，在提高显性成果产出、提高合同认定通过率、完善转化和发放流程方面摸索出一些经验，科技成果转化现金奖励分配相关做法比较成熟。

一是加大落地技术的研发，提高显性成果的产出。按照"贴近市场，技术先进，能够落地"的原则，每年从自有资金中投入约 2000 万元支持具有市场潜力和技术先进性的自立项目研发，促进显性成果产出，包括申请专利、软件著作权等，并规范署名。依托这些落实技术和显性成果签订的技术转让、技术开发、技术咨询、技术服务等合同均可用于科技成果转化。

二是做好技术合同认定工作。在内部管理上，要求合同牵头部门在合同签订后 30 日内报地方科技行政主管部门认定，并将认定证明交珠科院科技部门统筹管理。为了提高合同认定通过率，科技部门多次邀请地方科技行政主管部门开展技术合同认定培训。从技术合同登记的实践来看，只要是有科技成果支撑，在合同有效期内申请认定且提交资料齐全，基本都能认定成功。

三是合理界定享受科技成果现金奖励人员。珠科院直接享受科技成果现金奖励政策的人员范围为编内科研人员，即科研单位人员和转化部门人员，以及参与科研成果研发和转化工作的单位领导人员，主要包括科技成果的研发人员、推广人员及项目实施人员。珠科院将科技成果现金奖励纳入院绩效工资总量管理，在年终绩效分配时统筹调配，享受了科技成果转化现金奖励的人员可以腾挪绩效工资额度，因此，未直接享受科技成果转化现金奖励的编内人员可以间接享受到科技成果转化现金奖励的红利，编外人员的收入也能随着编内人员收入的增长而增长。

四是规范科技成果转化现金奖励的流程。珠科院科技成果转化现金奖励实行申报审批制，由各业务部门在统筹核定的额度内拟定本部门科技成果转化现金奖励分配具体方案。方案包括计提科技成果转化现金奖励的项目名称、合同金额、净收益、奖励金额、参与分配人员及对应金额等内容。各部门方案审核通过后，由珠科院科技部门统一公示，人事部门造表发放，财务部门单列发放项目。

（三）建立多种补充分配机制

为加强人才队伍建设，激发各级各类、各岗位人员的积极性，在以考核为前提的绩效工资分配之外珠科院还制定了多种补充分配制度，其中在编内职工个人工资卡发放的金额均纳入单位绩效工资总量（政策明确规定不纳入绩效工资总量的除外）。

一是制定了多种奖励办法。设立了科学技术奖，奖励在水利科技创新和科学普及等活动中作出突出贡献的集体或个人。设立了科技推广转化奖励，奖励获得各类注册工程师资格人员，奖励科研项目、基金项目、重大专项等财政经费项目的项目组成员。设立了科技成果奖，奖励取得专利、发表论文等科技成果的集体和个人。开展年度最美奋斗者、突出贡献者评选，表彰在完成本职工作中努力奋斗、有显著成绩和贡献的工作人员，并给予丰厚的奖金。

二是以资代奖，制定项目配套资助制度。为鼓励科研人员申报高层次重大科研项目，对获得立项的国家级、省部级科研项目，给予项目组科研经费配套资助，其中国家级科研项目按1：1资助，省部级科研项目按1：0.5资助。为建立科技创新靶向攻关和长效投入机制，设立珠科院科技创新自立项目资助制度，对获批的自立项目给予30万～50万元的资助。

三是制定多项人才激励措施。为引进优秀博士人才，给予新入职博士一次性生活补贴（博士10万元、博士后20万元）、30万元科研启动经费，前2年40万～50万元的保底年薪。为培养高层次青年人才，对获得人才称号的科研人员实行"一人一策"培养措施，提供项目资助经费，配套团队调研、考察经费，给予一次性现金奖励等。为弥补行政岗位的不足，建立了覆盖编外人员的首席专家制度、主任工程师制度、履行岗位职责制度等，并给予上岗人员同层级行政岗位同等待遇。

四是完善职工福利保障。为给职工提供全方位的保障，珠科院在为各类职工缴纳了社保与公积金之外，还为全体职工购买了商业意外保险，为女职工购买了安康险。为保障职工的生活，珠科院为新入职青年职工提供租房补贴；为异地交流挂职职工发放生活补贴；开办了职工食堂，低价提供一日三餐。为提高职工归属感、获得感，完善工会福利，珠科院发放六大节日（元旦、春节、劳动节、端午节、中秋节、国庆节）慰问品，发放生日蛋糕券，发放女职工三八慰问品，给职工未满十四周岁的子女发放六一节慰问品，为困难职工发放帮扶金等。

四、珠科院收入分配制度取得的成效及下一步优化措施

（一）珠科院收入分配制度取得的成效

通过收入分配制度的优化，近几年，珠科院干部职工的收入持续增长，同时珠科院收入分配制度充分体现了总体公平、按劳分配、体现知识价值的原则，得到了干部职工的广泛认可，单位奋斗文化已经形成，干部职工干事创业热情高涨，珠科院科技、经济、人才均取得了显著成效。科技方面，自 2019 年以来，获得的省部级以上奖项占单位成立 40 多年来的 28%，首次牵头国家重大科技专项 1 项，立项国家重点研发计划课题 2 项。经济方面，合同额从 2018 年的 5 亿元增长到 2023 年的 8 亿元。人才方面，培养了水利部科技英才 2 人，水利青年拔尖人才 2 人，全国水利技术能手 1 人，在流域内有影响力的专家开始显现，对珠江流域、大湾区的水利科技支撑显著增强。

（二）珠科院收入分配制度面临的新形势及下一步优化措施

珠科院收入分配制度建设面临的科研经费保障低，各类用工适用薪酬制度不一的问题仍然存在，此外，还面临一些新形势，收入分配制度需要进一步优化。

一是后疫情时代，经济下行，对水利市场的影响颇大，单位在做大分配盘子方面存在困难。下一步要继续修改完善绩效考核与绩效分配实施细则，加大内部竞争，适当托底限高，让收入分配成为人才结构优化的路径之一。

二是新生代青年职工的需求发生了变化，不仅追求结果公平也追求

过程的透明。目前，珠科院 C 类人员采用约定工资制，虽然不影响职工总收入，但在基本工资的核定上存在差异，新生代青年职工对此颇有微词。为满足职工对公平正义的需求，加强职工队伍的稳定团结，下一步将结合岗位聘用，制定全院统一的岗位基本工资制度，实现全体职工按岗位管理，岗变薪变。

五、结语

本课题分析了水利科研院所收入分配制度的现状，以珠科院为例，提出了优化措施。水利科研院所执行统一工资政策、单位性质相似、职工特点相似，希望珠科院收入分配制度优化的实践对水利科研院所具有一定的借鉴意义。

尼尔基公司绩效改革的探索与实践

主要完成人：王海军　张佳馨　周丽　石磊

所在单位：嫩江尼尔基水利水电有限责任公司

一、导论

（一）研究背景

《中共中央、国务院关于深化国有企业改革的指导意见》（中发〔2015〕22 号）提出，国有企业要推进全员绩效考核，以业绩为导向，科学评价不同岗位员工的贡献，合理拉开收入分配差距，切实做到收入能增能减和奖惩分明，充分调动广大职工积极性。

为落实国企改革精神，水利部制定印发的《水利部所属企业工资决定机制改革实施办法及配套办法》明确要求，水利企业要不断深化内部分配制度改革，加强全员绩效考核，构建以岗位价值为基础、以绩效贡献为依据的薪酬管理制度，完善职工收入增减机制。

研究制定科学有效的绩效考核管理体系，是贯彻国家、水利部相关政策，落实国有企业三项制度改革要求，促进公司实现人员能进能出、职位能高能低、收入能增能减，充分激发员工创新活力的实际需要。

（二）研究意义

一是按照《中共中央、国务院关于深化国有企业改革的指导意见》要求，从公司实际出发，加强公司绩效管理，强化全员绩效考核，为公司绩效管理提供理论依据；二是充分发挥绩效考核"指挥棒"作用，强化主责主业，强化风险防控，强化党的建设，树牢底线思维，加强投资、经营、安全生产等风险管理，全面提高抗风险能力，健全现代企业制度，加强企业领导班子和人才队伍建设，激发企业发展活力；三是对标公司发展目标，聚焦增强核心功能、提高核心竞争力，加快建设现代新国企，积极探索和完善绩效考核管理办法，真正形成有效的激励与约束机制，有力促进企业高质量发展。

（三）研究内容

为了更好地适应新时期公司发展需要，进一步规范完善公司绩效考核工作，客观准确地评价员工绩效，形成有效的激励与约束机制，公司开展绩效改革工作，积极探索并制定适合公司发展的绩效管理体系。本课题以尼尔基公司为研究对象，将公司绩效改革的探索与实施过程进行系统梳理，分析并阐述公司绩效改革具体做法及成效启示，为公司内部管理提供有力保障。

二、尼尔基公司基本情况分析

（一）尼尔基公司发展概况

尼尔基公司成立于 2001 年，注册资金 5000 万元，资本金总额 12.97 亿元。目前，公司股东分别为吉林松辽水资源开发有限责任公司、黑龙江省水利投资集团有限公司和内蒙古水务投资集团有限公司，出资比例为 4：3：3。尼尔基公司主要承担尼尔基水利枢纽工程建设和管理运营，在实现国有资产保值增值的同时，兼营库区资源开发利用、水利风景区旅游等多项业务。

自 2006 年投入运行以来，尼尔基公司坚持人与自然和谐理念，科学实施水库调度，充分发挥其作为嫩江干流大型控制性骨干工程在防洪、供水、发电、改善下游航运和水环境等方面的重要作用，创造了良好的社会效益、经济效益和生态效益，为流域和地方经济社会发展提供了强有力的水利支撑和保障。

（二）尼尔基公司组织机构

尼尔基公司下设办公室（董事会办公室）、经营管理与发展规划处、财务资产处、人事处、党群工作处、纪检审计处（纪委办公室）、安全生产管理与保卫处、枢纽管理与工程技术处、水库调度处、行政处、发电厂等 11 个职能部门，以及齐齐哈尔松江水利水电工程有限责任公司、内蒙古纳文湖绿色发展有限责任公司等 2 个全资子公司。

（三）改革前绩效考核现状

尼尔基公司制定的绩效考核制度主要包括《关于试行岗位绩效考核相关工作的通知》和《嫩江尼尔基水利水电有限责任公司岗位绩效考核办法》，解析和总结状况如下。

1. 绩效指标体系待完善

原制度绩效目标不够清晰，绩效考核指标类似于职工行为负面清单，各部门（单位）的负面清单中涉及办公环境、公文、后勤、精神文明等方面的通用指标占了较大篇幅，未针对不同岗位体现不同的职能特点。

2. 绩效评价方法待健全

大部分部门（单位）的绩效考核细则未明确评价方法，已明确的处室基本均为在部门自检、自查的基础上报主管领导审定（批）。

3. 考核结果运用较为单一

由于绩效考核指标多为负面行为清单，因此考核结果主要用于工资扣罚，未与职位升降、教育培训等人力资源管理体系联动。

三、优化绩效管理的基本思路

工资绩效改革围绕尼尔基公司"十四五"改革发展规划，使绩效管理成为贯彻新发展理念、构建新发展格局的重要手段，切实发挥绩效管理改革"助推器"作用，锚定公司经营发展目标，针对现行考核存在的问题和不足，结合公司实际，以"主业强、副业兴、人才旺"的战略目标为导向，明确绩效管理目标，分类、分层设计各岗位绩效考核指标，完善绩效评价方式方法，丰富考核结果运用。通过绩效考核，提升员工个人绩效，激发员工队伍活力，促进公司经营管理目标的实现，充分发挥绩效管理的激励和导向作用。

（一）明确绩效管理目标

尼尔基公司"十四五"改革发展规划，从 5 个方面制定了公司今后五年的发展战略，筹划了 13 个方面的主要任务。在绩效考核前，应将上述目标和任务分解到各年度，明确公司每个年度的具体目标，为各年度的绩效考核掌舵领航。将公司年度目标分解到各部门（单位），再结合岗位体系，将部门（单位）年度目标具体分解到各岗位，形成各岗位年度绩效目标。

（二）设置系统科学的绩效管理体系

在尼尔基公司"三定"方案的基础上，全面深入地开展岗位分析，明确各岗位的数量、任职条件、职责权限等，形成完整的岗位体系，为岗位绩效考核奠定实施基础。根据各岗位特点，依据其绩效目标，合理确定考核指标组成。考核指标的选择要参考岗位的特点、承担的工作内容，要能反映岗位的工作重点及在整个公司运行流程中的重要性，体现岗位的职务与职能，可按照分类、分级的次序来进行，即依据工作性质的不同来进行横向分类，依据职位的等级来进行纵向分级。

（三）强化约束激励机制

尼尔基公司绩效考核主要目标之一是强化激励约束，盘活整支队伍，促进企业稳健发展。结合现行绩效考核实际，可在正常奖励绩效的基础上增减额度以激励员工，并将现行普适的员工处罚清单完善形成员工行为规范，在岗位绩效的基础上进行扣罚以约束员工，双向同行以更好地达到激励约束的作用，更好地提升员工干事创业的能力和水平。

（四）注重绩效考核沟通反馈

建立绩效考核结果集中反馈机制，形成绩效目标沟通与制定、过程监督与指导和绩效考核结果反馈与应用的全过程管理体系，变绩效考核为全面绩效管理，变单纯的绩效得分等级反馈为逐项指标完成情况的全面反馈，让部门（单位）明确具体的扣分指标及自身存在的短板问题，便于绩效改进与提升。

（五）利用好绩效考核结果

绩效考核结果的切实、合理运用，是落实国有企业三项制度改革，实现人员能进能出、职位能高能低、收入能增能减的有效手段。绩效考核结果可应用于绩效奖金的分配及员工岗位晋升、岗位培训、岗位优化调整等方面。

四、优化绩效管理的具体做法

（一）合理定位绩效管理的目标

绩效管理的目标是对公司人力资源进行合理有效的管理，这是一个动态管理过程。目标具有一定的阶段性，所以在制定目标时要考虑公司发展规划及年度工作布置或工作思路，结合本部门（单位）主要职责和工作安排，制定绩效管理总目标，将年度工作任务逐项细化量化，形成部门（单位）年度业绩指标，最终分解到下一级部门或职工个人，确保部门（单位）、职工个人努力方向与公司绩效管理总目标的方向相一致。

（二）构建合理的绩效管理体系

为了建立合理有效的绩效管理体系，公司主要从以下四个方面入手：一是科学设置考核形式。职工个人业绩与部门（单位）的业绩紧密相连，因此在考核形式上，将绩效考核分为部门（单位）考核和职工个人考核两部分，其中部门考核采取部门总结自评与绩效办组织评价、审定相结合的方式；个人考核则采取个人述职与民主测评相结合的形式，按照一定比例计算个人综合得分。二是设定合适的指标权重和量化标准。指标权重可以反映出该项指标对目标完成的重要程度。部门（单位）按照指标重要程度对其设置权重大小，作为部门（单位）开展工作和考核的依据。三是确定合理的考核周期。周期过短增加人力物力成本，过长容易产生近因效应使考核出现误差。结合公司实际，将绩效考核设置为每半年进行一次，上半年考核于每年 7 月初进行；下半年考核于每年年末或次年初结合年度述职一并进行。四是绩效指标设置考虑全面。对部门（单位）主要考核目标任务指标、发展保障指标、加减分项三个方面，其中目标任务指标包括业绩指标、职责履行、服务协作等；发展保障指标包括党的建设、队伍建设、财务资产、安全生产、纪检审计等；加减分项包括取得重大突破、显著成效及作出突出贡献等。对职工个人考核以业绩为导向，主要考核德、能、勤、绩、廉五个方面。

（三）提升员工干事创业的能力

绩效考核对提升员工干事创业的能力和本领具有积极促进作用。一是抓住"关键少数"，严格中层干部管理，通过中层干部队伍的绩效管理带动部门绩效管理和员工绩效管理。考核方式上将部门考核成绩计入个人综合考核成绩中，个人综合考核得分按照干部岗位分级进行排名。考评结果书面告知本人，同时对排名靠后的干部进行诫勉谈话、降低薪酬待遇。对排名连续靠后的干部直接给予考核"不称职"，真正做到"能上能下"，进一步提升中层干部履职担当能力。二是在科学培养、从严考评和精准选拔上下功夫，建立定期述职和日常岗位管理机制，通过规范员工岗位纪律、公出、请休假、值班、加班等行为，促进全体员工遵章守纪、爱岗敬业、踔厉奋发、乐于奉献，创造良好岗位绩效，打造一支政治素养高、思想品德好、专业技术精、工作作风强，勇于履职担当的干部队伍。

（四）加强绩效考核沟通和反馈

绩效考评结果的反馈是绩效管理工作的一个重要环节。沟通则贯穿绩效指标制定、绩效考核、结果反馈、改进完善等多个环节。有效的沟通和反馈可以及时纠正偏差，达到预期效果。一是绩效考核结果以适当方式反馈给各部门（单位），能够使各部门（单位）第一时间了解考核情况，及时总结经验教训。二是被考核部门（单位）或职工个人如对考核结果有异议，可进行申诉，保证公平公正，减少矛盾的产生。三是考核面谈积极有效。对于成绩排名靠后的部门（单位）或员工个人，公司领导或部门负责人通过面谈的形式，帮助分析问题原因，提供解决问题的对策建议，使其及时调整不合理的目标和任务，对绩效加以改进。

（五）充分运用绩效考评结果

正确运用绩效考评结果能够全方位促进公司和职工不断进步。一是运用于衡量招聘成效。在新入职员工试用期满前，通过绩效考核结果可以检验出员工与岗位的匹配度，考核结果不符合要求的，则可依法与其解除劳动合同，节省低效的人力成本投入。二是为职工岗位调整和干部培养选拔等提供参考依据。将绩效考核成绩引入到干部选拔、岗位交流、降级使用等干部管理中，使职工时刻保持危机意识，激发员工活力。三是用于员工培训与开发。通过对绩效考核结果的分析，了解职工在完成工作计划过程中遇到的困难和工作上的差距，精准捕捉培训需求，制订针对性强的培训计划，靶向施教，节约培训资源，增强培训效果，切实提高职工的素质和能力。四是用于薪酬分配。将绩效考评结果与薪酬分配挂钩，奖优罚劣，有奖有罚，督促干部职工履职尽责，切实调动员工积极性，有效激发干部职工干事创业热情，确保各项工作部署落实落地。

五、绩效改革的成效和启示

（一）完善制度保障

制度是行动的准则、行动的规范，因此在绩效改革过程中制定标准一致、内容统一的制度规范是基础。尼尔基公司出台《尼尔基公司职工绩效考核管理办法（试行）》（以下简称《绩效考核管理办法》）和《尼尔基公司员工岗位管理规定（试行）》（以下简称《岗位管理规定》）两项制度。《绩效考核管理办法》是以激励为主，涵盖了绩效考核方式、部门（单位）考核、个人考核、绩效考核等级确定及奖励绩效兑现、考核结果反馈、申述及面谈等各环节全过程的绩效管理实施细则。《岗位管理规定》则以约束为主，对岗位纪律、公出、请休假、值班、加班等做出明确规定，同时对违反公司规定的情况也明确了相应的处罚措施。以业绩指标为核心的奖励绩效考核体系和以岗位规定为准绳的岗位绩效约束体系，对进一步提升公司管理规范化、科学化、现代化水平，建立有效激励约束机制，充分调动职工工作积极性和创造性，提高工作质量和工作效率将起到较强的推动和促进作用。

（二）强化绩效认知

强化绩效认知是全面提高现代企业绩效管理效率的关键，因此需要公司管理层和全体员工能够认识到提高绩效管理、绩效考核工作的重要性。一是在制度出台前广泛征求公司领导及各部门（单位）意见建议，对收集到好的意见进行分析总结，有针对性地加以改进，这个过程不仅可以使制度更加完善，还可以让公司全体干部职工对制度内容进行充分了解。二是制度出台后，及时开展宣贯培训，详细解读制度各部分内容，对职工重点关心的内容或理解上存在疑惑的地方逐一进行解答，力求使全体职工对制度内容能够做到深入理解、了然于心。三是各部门（单位）继续开展内部绩效培训，进一步强化员工的参与意识，主动配合绩效办成员部门，做好部门考核、个人考核等一系列工作，为更有效率地完成各项工作指标打好基础，不断提升职工对绩效管理的重视程度。

（三）健全沟通机制

良好的沟通机制是全面提高公司绩效管理效率的前提。改革后的绩效管理体系打开了员工间的沟通渠道，由单向沟通扩宽至双向沟通，使得绩效管理更加公开、公平、公正，营造出一种相互监督、相互促进的良好氛围。一是对员工进行绩效辅导时，面谈者能够针对每一位员工的岗位特点和工作特征等选择合理的方式，帮助他们找出工作中存在的问题，提出改进措施和建议对策。二是公司各部门（单位）及全体员工均有权利及义务监督岗位纪律行为，如发现相关问题，可向有关职能部门反映问题，有关职能部门将根据反映情况进行调查并提出处理意见。通过建立这种相对多元的沟通渠道，可以动态调整公司绩效计划，并不断优化绩效沟通和绩效反馈等机制。

（四）优化保障措施

绩效管理是一项系统性工作，需要一系列的保障措施保驾护航。一是要有机制做保障。绩效管理是一个完整的系统，由多个部分组成，诸如设定绩效目标、绩效沟通和指导、记录员工绩效、评估和反馈员工、总结和提高绩效。各部分相互支持，共同维护绩效管理过程的运行。因此，建立与绩效考核协调统一的管理机制是推动绩效有效实施的关键。二是要有组织做保障，绩效考核涉及公司每一个部门（单位）、每一个员工，因此，合理优化公司组织结构，明确岗位职责对考核至关重要，公司年初要求各部门（单位）制定年度工作计划，设定部门（单位）工作目标，明确每位员工的工作职责及任务目标，为公司绩效考核的实施提供组织保障，有效夯实绩效考核基础。三是要有人员做保障。绩效考核制度及方案涉及面广，需要多方面协商，充分沟通后制定，需要一个专业构成合理、责任心强、公道正派的工作团队来推进。公司成立绩效办，其由涉及业绩归口、党的建设、队伍建设、财务资产、安全生产、纪检审计等部门组成，为有效实施绩效考核提供了可靠的人员保障。

六、结语

尼尔基公司始终深入实施国有企业改革深化提升行动，持续加强企业内部管理。绩效管理作为企业内部管理的重要手段和重要组成部分，需要顺应形势变化，及时做出动态调整，需要公司管理层以及全体员工不断提高对绩效管理的重视程度，协同完成好绩效管理各个环节。随着经济社会的不断发展，内外部环境不断变化，绩效管理也需要不断实践、总结和完善，才能构建出适合尼尔基公司自身发展的绩效管理体系，从而推动尼尔基公司实现质的有效提升和明显改善，更好地实现尼尔基公司可持续高质量发展。